LLOFFION O GAE'R GORS

Llyfrau Llafar Gwlad

Lloffion o Gae'r Gors

Cefndir Kate Roberts

Dewi Tomos

Llyfrau Llafar Gwlad

ⓗ Dewi Tomos

Argraffiad cyntaf: Ebrill 2009

Rhif Llyfr Safonol Rhyngwladol: 978-1-84527-227-2

Mae'r cyhoeddwyr yn cydnabod cefnogaeth ariannol
Cyngor Llyfrau Cymru

Lluniau clawr a'r lluniau tu mewn: Canolfan Cae'r Gors, Rhosgadfan
Cynllun clawr: Sion Ilar

Argraffwyd a chyhoeddwyd gan Wasg Carreg Gwalch,
12 Iard yr Orsaf, Llanrwst, Dyffryn Conwy, LL26 OEH.
☎ 01492 642031   ▤ 01492 641502
✆ llyfrau@carreg-gwalch.com

Cynnwys

Diolchiadau

R Arwel Jones, Mair Lloyd Davies, Rheon Gwyn Pritchard, Sulwen Roberts, Ceridwen Williams am eu cymorth parod ar agweddau o hanes Cae'r Gors.

Teulu KR, Megan Williams ac Olwen, Geraint Williams, Eric Rigby, Eirian Williams, Elin Boyd am gefndir a lluniau y teulu.

Perchnogion y tai ble bu hynafiaid KR yn byw am ganiatâd i dynnu lluniau.

Ann ac Eleri Llwyd am lythyrau i'w tad, Huw Lloyd Edwards
John Roberts, Y Groeslon, llythyrau'r Eisteddfod.

Robin Griffith am lun cyflwyno Cae'r Gors

Plaid Cymru am gael cynnwys 'Atgof am Ddei'

Norman Closs, Gwyn Thomas am gael cynnwys eu cerddi.

Cyflwyniad

Sut fyd oedd byd magwraeth Kate Roberts?
Beth oedd y cynhwysion a bobwyd i greu'r dorth?
A fyddai hi wedi tyfu'n llenor yn rhywle arall?
Ydi ei gwaith hi'n berthnasol i ni heddiw?
Oes rhaid i ni adnabod y person i werthfawrogi'r llenor?
Cymdeithas a ffurfiwyd mewn byr amser oedd yn Rhosgadfan ei phlentyndod. Cymdeithas dros dro?
Ydi'r diwylliant a dyfodd yn ardaloedd y chwareli wedi darfod amdano?
Pa ddiben cofio'r hyn a fu?
Tydi'n byd ni heddiw ddim byd tebyg i un Kate Roberts.
Ydi tlodi yn rhinwedd?
Ai person cymdeithasol ydi dyn yn y bôn, yntau bod ynysig?

7

Mewnfudo i'r ardal

Ymhlith y cofnodion dibynadwy sydd gennym mae'r Cyfrifiadau, Rhestrau'r Degwm a chofnodion Genedigaethau, Priodasau a Marwolaethau'r eglwysi. Dibynais yn bennaf ar y Cyfrifiadau yn hyn o ymchwil, er nad yw'r rheini'n anffaeledig. Cefais hefyd gymorth parod gan berthnasau'r teuluoedd fu'n byw yng Nghae'r Gors a chan haneswyr lleol.

Erbyn 1851 roedd pobl wedi heidio i'r ardal ers dros hanner canrif mewn ymateb i'r gofyn am waith yn y chwareli llechi. Codwyd y tyddynnod cynharaf ar y tir comin ddiwedd y ddeunawfed a dechrau'r bedwaredd ganrif ar bymtheg. Gors Goch Isaf yw'r tyddyn hynaf, 1790, doedd o fawr gwell na chwt gan nad oedd ffenestri ynddo i gychwyn, rhag gorfod talu trethi. Y nesaf oedd Rhosgadfan, 1797, a chodwyd tua dwsin arall erbyn 1810, tuag ugain eto erbyn 1840, ac erbyn 1860 roedd bron pob tyddyn wedi ei godi. Mae'n debyg mai symudiad lleol oedd yna i ddechrau, gan feibion a gweision ffermydd llawr y plwy a'r hafotai; yn ddiweddarach, wrth i'r galw gynyddu, symudai pobl o'r plwyfi cyfagos, Llanfaglan, Llandwrog a Llanllyfni; ac yna daeth nifer o bellach i ffwrdd. Os cawn olwg ar ystadegau Cyfrifiad 1851 ar gyfer 70 o dyddynnod ardal Moeltryfan, o gwmpas ble mae pentrefi Rhostryfan a Rhosgadfan erbyn heddiw, cawn syniad o natur y symudiad yma.

Plwyf geni y rhieni

Arfon 28	Llŷn 25	Môn 8	Eifionydd 4
Llanbeblig 7	Clynnog 7	Rhoscolyn 1	Cricieth 1
Llanfairisgaer 1	Llanaelhaearn 2	Amlwch 1	Llanystumdwy 2
Llanrug 1	Denïo 2	Llandegfan 1	Dolbenmaen 1
Llanddeiniolen 1	Aberdaron 3	Llangeinwen 2	
	Nefyn 1	Llanelian 1	
Lleol 65	Bryncroes 2	Trefdraeth 2	**Arall 7**
Llanwnda 47	Mellteyrn 1		Bangor 1
Llanfaglan 1	Y Rhiw 2		Llandegai 1
Llandwrog 12	Abererch 1		Trawsfynydd 1
Llanllyfni 5	Llanarmon 2		Betws-y-coed 1
	Llaniestyn 2		Beddgelert 3

Gwelwn bod mewnfudo o ardal weddol eang o ystyried cyfyngiadau teithio y cyfnod, ond heb griw mawr o un lle arbennig. Neb o dde Cymru nac o Loegr. Diwydiannu Cymreig ddigwyddodd yma.

Pam bod pobl yn fodlon symud? Sut fyd oedd hi arnynt yn yr ardaloedd gwledig, amaethyddol? Oedd yna deuluoedd yn symud, ynteu llanciau ifainc oedd yn fodlon mentro i fyd newydd diwydiant trwm? Cynigid cyflogau gwell yn y chwarel nag ar y tir ar y cyfan. Fel gydag unrhyw ddiwydiant ar ei brifiant byddai straeon yn frith am y posibiliadau o wneud pres. Byddai hyn yn hwb i'r gwas fferm fentro'i lwc, a roedd yr oria gwaith yn well nag ar fferm. Doedd dim gwaith adref i bob mab ffem chwaith mewn teuluoedd mawrion. Pobl ifanc gan mwyaf oedd yn symud felly, rhai yn ymylu ar y canol oed gyda phlant, gan greu poblogaeth gymharol ifanc.

Beth ddengys yr ystadegau inni? Heblaw am y pedwar plwy lleol daeth mwy o Lŷn nag unlle arall, Dyffryn Nantlle oedd yr ardal ddiwydiannol agosaf atynt. Symudodd mwy o Fôn i chwareli Dinorwig (Barics Môn) a'r Penrhyn, oedd yn hwylusach wedi croesi ar y cychod. Mae ardal chwareli 'Stiniog yn nes at bobl Eifionydd ac felly cymharol ychydig symudodd yma oddi yno. Go brin bod y rhan fwyaf o'r teuluoedd yma a ddewisais o'r Cyfrifiad wedi byw'n yr ardal dros amser hir felly. Beth arall ddengys y ffigyrau moel inni? Mi fyddai'n hoffi trio dadansoddi a dyfalu wrth ddarllen ystadegau fel hyn. Cofiwch mai cofnod undydd ydyw. Beth ddigwyddodd cynt a wedyn?

Enwir 16 o weddwon o blith y 70 cartref.
Eu hoedran – 84, 78, 72, 68, 65, 65, 64, 57, 55, 54, 50, 41, 39, 38, 32, 30.
Mae amryw o'r gweddwon mewn oedran teg, nid annisgwyl yw hyn, ond mae rhai yn ifanc iawn, pump o dan hanner cant oed. Beth sydd i gyfri am hyn? Mam yn marw ar enedigaeth, salwch fel y darfodedigaeth, damwain yn y chwarel?
Un nain, Ann Ffowc, sydd yna, sef hen nain KR.
Mae chwech o wyrion, a dim sôn am y fam mewn pum achos. Plentyn siawns yn cael ei fagu gan taid a nain?
Mae un chwaer 26 oed yn cadw tŷ i ŵr gweddw 35 oed a dau o blant.
Ceir pedair morwyn – oedran y rhieni – 70 a 54, 29 a 25, 38 a 31, gŵr gweddw 57. Byddai'n rhesymol i bâr oedrannus gyflogi morwyn, ond pam bod morwyn gan y parau ifanc?

Nifer y plant ym mhob teulu

$0 - 11 = 0$

$1 - 12 = 12$ 70 teulu, 174 o blant.

$2 - 14 = 28$ Mwy o deuluoedd efo 4 o blant na'r un nifer arall.

$3 - 10 = 30$ 23 teulu efo 4 neu fwy o blant.

$4 - 16 = 64$ O'r rhai heb blant ar y rhestr, roedd rhai mewn oed a'r plant

$5 - 3 = 15$ wedi gadael cartref o bosib, eraill yn barau ifanc a'r plant i ddod.

$6 - 3 = 18$ Tua 100 o blant sydd rhwng y ddwy ysgol heddiw, ond llawer mwy o dai, yn cynnwys pentrefi Rhostryfan a

$7 - 1 = 7$ Rhosgadfan

     174

Gwaith y tad

chwarelwr	29
stiward ch.	1
gwaith copr	1
ffermwr	13 tyddynwyr - chwarelwyr mae'n debyg.
gwas fferm	9 tyddynnod hŷn o bosib, ar dir yr hen hafotai.
saer coed	1
teiliwr	2 gweithio o adra.
crydd	2

Go brin yw'r gwasanaethau yn y dyddiau cymharol gynnar yma, dim siopwr na becar. Erbyn Cyfrifiad 1881 ac yn sicr erbyn 1891 roedd y pentrefi mewn bodolaeth. Codwyd cnewyllyn pentra Rhosgadfan, y tai teras, rhwng 1869 ac 1895, Rhes Ucha, Bron Eryri, Rhes Ganol a Thai Ffridd, a'r tai moel i gyd o'r bron erbyn troad y ganrif. Felly roedd y boblogaeth wedi cynyddu yn arw, a mwy o wasanaethau yn Rhostryfan a Rhosgadfan, gyda'r siopau cynharaf yn Rhostryfan. Gweler y stori 'Y Taliad olaf' *Ffair Gaeaf*.

Gwasanaethau Bontnewydd 1851

Ffermwr	1	cigydd	1	masnachwr blawd	1
Gwas fferm	6	becar	1	melinydd	1
Chwarelwr	11	groser	2	gwehydd	1
Capten llong	1	teiliwr	4	*woollen manufacture*	1
Masn. defaid/moch	1	bragwr	1	gwniadwraig	1

Saer maen 1   saer coed 1   joci   1
Gof   1

Yn amlwg sefydlwyd pentra Bontnewydd ers tro byd a mae 'na amrywiaeth o wasanaethau yno, digon i gyflenwi galw ardal y tyddynnod yn ogystal â'r ffermydd o gwmpas y pentra. Anaml iawn yr âi'r tyddynwyr cyn belled â Chaernarfon. Rhwng cynnyrch y tyddyn, a beth oedd i'w gael yn lleol, datblygodd yn gymdeithas eitha hunan-gynhaliol felly.

Dyma fel y gwela i brif nodweddion y cyfnod.

Twf y diwydiant llechi yn golygu bod angen gweithwyr, nifer fawr mewn cyfnod byr.

Mewnfudo i ardal y tir comin a chodi tyddynnod, o waelod y plwyfi cyfagos i ddechrau ac wedyn o bellach i ffwrdd.

Teuluoedd niferus mewn tai bychain, ar y tyddynnod i gychwyn, wedyn mewn tai teras yn y pentrefi.

Bron pawb o'r dynion a'r hogia yn gweithio yn y chwarel.

Marwolaethau babanod a phlant a phobl gymharol ifanc yn gyffredin, ar enedigaethau, o achos afiechydon a damweiniau yn y chwarel.

Ail briodas yn eitha cyffredin, anodd iawn oedd i wraig weddw fagu teulu na chynnal tyddyn.

Dim pentrefi yn 1851, ac felly fawr o wasanaethau yn hanner cyntaf y bedwaredd ganrif ar bymtheg.

Datblygiad pentrefi Rhostryfan a Rhosgadfan erbyn diwedd y bedwaredd ganrif ar bymtheg.

Cymdeithas eitha hunan-gynhaliol, ond dibynnol ar gymdogion. Mudo o fewn yr ardal yn gyffredin, perthnasau yn cyfnewid tai, parau ifainc yn byw efo'u rhieni nes cael tŷ neu dyddyn, henoed yn symud o dyddyn i dŷ moel.

Gwelsoch eisoes gyfeirio at rai o'r nodweddion cyffredinol yma wrth edrych ar ystadegau Cyfrifiad 1851 Llanwnda. O astudio hynt a helynt y teuluoedd fu'n byw yng Nghae'r Gors daw'r nodweddion yma i'r amlwg drachefn.

Teuluoedd Cae'r Gors

Wrth ddilyn hanes y teuluoedd a fu byw yng Nghae'r Gors daw enwau nifer o dyddynnod a thai moel eraill i'r amlwg, oll yn agos iawn i'w gilydd yn ardal Moeltryfan – Cae'r Gors, Glangors, Tanyfoel, Bryn Gwyrfai, Hafod y Rhos Isaf, Penffordd, Penffridd, Hafod Talog, Ty'n Llwyn, Bodgadfan. Bu'r bobl yma unai'n byw ynddynt cyn symud i Gae'r Gors neu symudasant yno o Gae'r Gors. Felly roedd cryn fynd a dwad o fewn ardal gyfyng. Codwyd Cae'r Gors tua 1833 a Robert Pritchard a'i deulu oedd y preswylwyr cyntaf mae'n debyg, wedi symud o Tryfan Bach, ardal Rhos Isaf. Priododd Robert ddwywaith, 1798 Ellen, 1815 Elin. Symudiad nodweddiadol i fyw'n nes at y chwarel.

Cyfrifiad 1841

Enw	perthynas	oed	gwaith	man geni
Robert Pritchard	penteulu	65	ffermwr	Sir Gaernarfon
Elin	gwraig	55		Sir Gaernarfon
Evan	mab	15	chwarelwr	Sir Gaernarfon
John Davies		20	gwas fferm	tu allan i'r sir

Rhoddwyd 'ffermwr' fel gwaith RP. Digwydd hyn yn aml er mai tyddynwyr-chwarelwyr oeddynt. Go brin bod chwe erw Cae'r Gors yn ddigon i gynnal teulu a gwas fferm! Erbyn 1851 roedd y teulu wedi mudo i dyddyn cyfagos Tan-y-foel.

Cynhaliwyd Ysgol Sul yma yn ystod yr 1840au cynnar, pan oedd llawer o'r tyddynnod wedi'u codi a'r boblogaeth yn cynyddu, 'ond ymhen amser, oherwydd amgylchiadau teuluaidd, gorfu ei rhoi i fyny' W Hobley. Yn 1861 codwyd yr ysgoldy cyntaf a'r capel Rhosgadfan presennol yn 1876. Codwyd Hermon yn 1862. Gydag enw Anne Jones dyma gychwyn ar hanes teulu fu'n byw yng Nghae'r Gors am hanner-can mlynedd.

Cyfrifiad 1841 Glangors	Anne Jones	gweddw	35
	John	mab	9
	William	mab	7

Gweddw Lewis Jones, Penffridd, oedd Anne, merch William Thomas. Bu farw Lewis yn 1836 yn 29 oed, yn chwarel y Penrhyn, ac fe'i claddwyd ym mynwent y plwy yn Llanwnda (mwy amdano yn y man). Ym Medi 1841 yn eglwys Llanwnda priododd Anne ag Owen Jones, oedd yn aros yn Bodgadfan ar y pryd ac felly'n gymydog i Anne. Rhywbryd wedyn maen nhw'n symud i Gae'r Gors.

Cyfrifiad 1851

Owen Jones	penteulu	50	chwarelwr	Llanwnda
Anne	gwraig	46		Llanllyfni
John	mab	18	chwarelwr	Llanbeblig
William	mab	16	chwarelwr	Llanwnda
Owen Owen	mab	8		Llanwnda
Thomas	mab	7		Llanwnda
Jane	merch	5		Llanwnda
Griffith	mab	3		Llanwnda

Owen felly oedd y cyntaf o blant yr ail briodas. Teulu mawr o chwech o blant, Anne yn 43 pan anwyd y fenga, y pedwerydd mewn pum mlynedd. Yr hogia'n dilyn eu tad i'r chwarel. Wyth yn rhannu cegin, dwy siambr a thaflod, a thŷ llaeth yn ddiweddarach. Dychmygwch faint o uwd i frecwast, faint o fara yn y tuniau bwyd, faint o ddillad i'w golchi, fawr o le i droi yn y daflod. Llafur dibaid oedd gwaith tŷ.

Cyfrifiad 1861

Owen Jones	penteulu	60	chwarelwr a ffermwr	Llanwnda
Anne Williams	gwraig	55		Llanllyfni
John	mab	30	chwarelwr	Caernarfon
Owen Owen	mab	19	chwarelwr	Llanwnda
Thomas	mab	17	chwarelwr	Llanwnda
Jane	merch	15		Llanwnda
Griffith	mab	13	chwarelwr	Llanwnda

Erbyn hyn mae'r plant i gyd mewn oed gweithio, William wedi gadael, roedd yn 26 oed ac o bosib wedi priodi. Y pedwar mab arall yn y chwarel a'r ferch yn helpu ei mam yn y tŷ ac ar y tyddyn. Mae pum cyflog yn dod i'r cartref, a chynnyrch y tyddyn yn ychwanegiad gwerthfawr. Fyddech chi'n galw'r teulu yma'n dlawd? Gwir dlodi i mi yw bod heb fwyd yn eich bol, heb ddillad ar eich sgwydda, heb do uwch eich pen.

Cyfrifiad 1871

Owen Jones	penteulu	70	chwarelwr	Llanwnda
Anne	gwraig	65		Llanwnda
John	mab	39	chwarelwr	Llanwnda
Griffith O	mab	22	chwarelwr	Llanwnda
Jane		19	morwyn	Llanllyfni

Mae Owen O a Thomas wedi gadael bellach, byddent yn 29 a 27 oed ac wedi priodi mae'n debyg. Maent yn cadw morwyn erbyn hyn gan fod Owen ac Anne yn mynd i oed, a gwaith cadw tŷ'n mynd yn drech. Rhaid cofio bod 65 a 70 oed yn hen iawn bryd hynny. Dim ond yr hyna a'r fenga o'r plant sydd ar ôl adref, tri chyflog chwarel a'r tyddyn i'w cynnal, ac felly amgylchiadau byw wedi gwella. Ond yn parhau'n gaeth i rigolau bywyd. Priododd Owen y mab ag Ellen Jones, Y Gaerwen, un o'r hafotai rhwng Rhostryfan a Rhosgadfan, tua 1863. Codwyd Bryn Gwyrfai yn 1869, ar dir Cae'r Gors, ac felly mae'n fwy na thebyg mai ar gyfer Owen Owen y'i codwyd.

Cyfrifiad 1871 Bryn Gwyrfai

Owen O Jones	penteulu	28	chwarelwr
Ellen	gwraig	28	
Griffith	mab	7	ysgolor
Jane	merch	5	ysgolor
Owen O	mab	1	

Erbyn 1881 roeddynt yn byw yn Hafod Talog, tyddyn rhwng Carmel a Rhosgadfan, a'r teulu'n tyfu, mi gawsant ddeuddeg o blant i gyd. Symudodd y teulu'n ôl i Fryn Gwyrfai yn 1913 pan aethant i ormod o oed i gadw tyddyn. Mae'n debyg mai ei rentu wnaethant yn y cyfamser, i Owen Roberts, tad KR, am gyfnod. Tybed oedd o wedi bod yn eu meddiant drwy'r amser?

Cyfrifiad 1881 Hafod Talog

Owen Jones	penteulu	39	chwarelwr
Ellen	gwraig	38	
Griffith Owen	mab	17	chwarelwr – ymfudodd i Granville, UDA
Jane Ellen	merch	15	ysgolor
Owen Owen	mab	12	ysgolor

John Owen	mab	7	ysgolor
Thomas Owen	mab	4	
Annie	merch	2	nain Mair Lloyd Davies

Daeth Meirion a Mair Lloyd Davies â pherthnasau o'r America i weld Cae'r Gors ychydig wedi'r agoriad yn ystod haf 2007. Yn 1888 ac yntau yn 24 oed fe ymfudodd Griffith Owen mab Owen ac Ellen, i Granville, talaith Efrog Newydd, a bu'n gweithio mewn gwahanol chwareli llechi yno. Priododd Katherine Jane Jones, o dras Cymreig, yn 1897 a chawsant dri o blant. Bu farw Griffith yn 79 oed yn 1949. Un o'u plant oedd Verna a briododd Owen W Thomas ac un o'u meibion hwy yw Malcolm Thomas a ddaeth i Gae'r Gors gyda'i wraig a'i fab, yng nghwmni Mair a Meirion. Nain Mair, a fagwyd yn Rhostryfan, oedd Annie, chwaer fach Griffith. Felly roedd Owen ac Anne, oedd yn byw yng Nghae'r Gors yn 1851, yn hen, hen daid a nain i Mair a Malcolm. Mae ymweliadau fel ma'n rhoi gwefr i rywun! Mae merch Mair a Meirion, Llio, a'i gŵr Myrddin ap Dafydd a'u plant wedi bod yng Nghae'r Gors droeon yn barod, yn cadw cysylltiad teuluol â Chae'r Gors sy'n mynd yn ôl saith cenhedlaeth a thros 160 o flynyddoedd.

Cyfrifiad 1881

Owen Jones	penteulu	80	ffermio 7 acer	Sir Gaernarfon
Anne	gwraig	75		Sir Gaernarfon
John	mab	49	chwarelwr	Sir Gaernarfon
Owen O	ŵyr	12	ysgolor	Sir Gaernarfon
Mary Jane Jones		18	morwyn	Sir Gaernarfon

Yr hen fachgen wedi gorffen yn y chwarel ond heb ymddeol o gadw tyddyn. Un mab gartref, John, yn hen lanc 49 oed. Y rhieni mewn oedran teg ac angen morwyn i wneud gwaith tŷ ac o gwmpas y tyddyn. Mae enw Owen Owen i lawr ddwywaith ar y cyfrifiad, roedd yn fab i Jane, a briododd William Jones a symud i fyw i Glangors cyn 1871. Roedd hi wedi marw erbyn 1881 a'i gweddw a dau o'i blant hefo'i frawd yn Hafod y Rhos uchaf ac Owen efo'i daid a nain yng Nghae'r Gors. Gyda threigl y blynyddoedd byddai sawl cenhedlaeth o deulu yn byw yma ac acw yn yr ardal.

Bu farw Owen Jones yn 1883, ac mi fu farw Anne yn 1889, ac fe'i claddwyd gyda Lewis ei gŵr cyntaf, 53 mlynedd wedi ei farwolaeth ef.

Penderfynodd John eu mab godi'r hen garreg a gosod un newydd grandiach gydag enwau'r ddau arni. Beth oedd i'w wneud efo'r hen un? Holltodd hi'n dair, gosododd un darn yn garreg aelwyd yng nghegin Cae'r Gors, a rhoi'r ddau ddarn arall ar eu traed yn y beudy yn stôl y fuwch. Dyna be 'di darbodusrwydd. Mae hi'n ôl yn y beudy bellach, yn rhan o'r dehongli yno. Dyma'r cofnod gan KR, mae hi'n cymysgu'r ffeithiau braidd.

'Ar yr aelwyd yr oedd llechen ag iddi hanes od. Un rhan o dair o garreg fedd wedi dyfod o fynwent Llanwnda ydoedd. Yr oedd perchennog ein tyddyn, a fuasai'n byw yno ar un adeg, wedi dyfod â'r garreg fedd oddi ar fedd ei frawd, er mwyn rhoi carreg well neu fwy addurnol ar y bedd, wedi i'w dad a'i fam gael eu claddu yn yr un bedd. Holltwyd hi'n dair, ac mae'n rhaid ei bod yn garreg dda i hollti mor llyfn. Rhoddwyd un rhan ar yr aelwyd, a'r ddwy ran arall tu cefn i resel y gwartheg yn y beudy. Byddwn i yn blentyn yn eistedd ar ymyl y rhesel ac yn darllen yr hyn oedd ar y garreg.

Dyma'r fan lle claddwyd Lewis Jones Penyffridd, Llanwnda, hwn a fu farw Gorffennaf 2, 1836 yn 29 mlwydd oed.

> Gorff a'r galon oeraidd gu – y mae'r gwên
> A'r gwyneb yn llygru.
> I mae breichiau wedi brychu,
> Tan garchar y ddaear ddu.

Byddwn yn eistedd am oriau ar ymyl y rhesl i ddarllen hyn, dyma fy nghysylltiad cyntaf â barddoniaeth, reit siwr. Ond i fynd yn ôl i'r tŷ. Yr oedd y garreg aelwyd wedi ei golchi gymaint o weithiau nes ei bod yn llyfn fel marmor caboledig.

Atgofion

Rhywbryd yn ystod y degawd mi briododd John â Mary Thomas, Penrhos.

Cyfrifiad 1891

John Jones	penteulu	57	chwarelwr	Llanwnda
Mary	gwraig	51		Llanwnda
Anne	merch	8		Llandwrog
Ellen Jane	merch	1		Llanwnda

16

Ystyriwch, roedd John yn 56 oed a Mary'n 50 pan aned y plentyn fenga! Chafodd John ddim byw yn hir gyda'i deulu newydd fodd bynnag, bu farw yn 58 oed yn 1892. Anaml y byddai gweddw yn aros ar ddyddyn heb fab i'w helpu, ac yn 1895 mi symudodd Mary i Bod Elen, tŷ moel a adeiladwyd ar ei chyfer yn union gyferbyn â Chae'r Gors. Glanfa yw enw'r tŷ heddiw. Un modd i weddw gadw dau ben llinyn ynghyd oedd cadw siop, a dyna a wnaeth, ond aeth yr hwch drwy'r siop a rhoddwyd ei holl eiddo ar y mynydd a'i gorfodi i adael. Dyna ni wedi oedi gyda'r teulu, fu'n byw yma am bron i hanner canrif, a'u hanes yn ddrych o hynt a helynt teuluoedd eraill yr ardal.

Wedi i Mary fudo dros y ffordd daeth Cae'r Gors yn wag, a hyn roddodd y cyfle i Owen a Catrin Roberts symud o dŷ moel Bryn Gwyrfai led tri chae i ffwrdd, gan dalu rhent i Mary. Y ddau wedi'i magu ar ddyddynnod, Owen ym Mrynffynnon a Catrin ym Mhantycelyn, ac felly'n awyddus i gadw tyddyn a fyddai'n gynhaliaeth i godi teulu. Roedd hyn yn weddol fuan wedi iddynt briodi yn 1890, y ddau ohonynt yn weddwon, Owen yn dad i dri, Mary, Jane ac Owen; a Catrin yn fam i John o'u priodasau cyntaf. Ganed Kate, eu plentyn cyntaf, yn 1891 a'i rhan hi yn y mudo oedd cario sosban. Erbyn cyfrifiad 1901 mae'r tri mab wedi'u geni a'r teulu'n gyflawn.

Cyfrifiad 1901

Owen Roberts	penteulu	50	chwarelwr	Llanwnda
Catrin	gwraig	46		Llanwnda
John E	mab	17	chwarelwr	Llanwnda
Kate	merch	10		Llanwnda
Richard	mab	8		Llanwnda
Evan	mab	5		Llanwnda
David	mab	2		Llanwnda

Yma y magwyd Kate tan 1910 pan aeth i'r Coleg ym Mangor ac ni bu byw yma wedyn.

Beth fu hynt a helynt Cae'r Gors wedi i KR adael? Ceir ganddi gofnod o ocsiwn rywbryd, 'pan wnaethom adael Cae'r Gors', offer y tyddyn mae'n debyg, gan mai talu rhent am y tŷ oeddynt. Ym 1922, ac Owen a Catrin mewn oed bellach, yn 71 a 67, penderfynwyd gadael llafur tyddyn a symud i Maesteg, tŷ moel heb fod ymhell i lawr y ffordd o Gae'r Gors. Cofiwch y bu i Owen barhau i weithio yn y chwarel tan 1931, blwyddyn

17

cyn ei farwolaeth yn 80 oed. Tybed oedd o'n hiraethu am fywyd tyddyn fel William Gruffydd yn y stori 'Newid Byd' *O Gors y Bryniau*? O Dy'n y Fawnog i Fodlondeb y symudodd William Gruffydd ac Owen Roberts o Gae'r Gors i Faesteg, welwch chi'r tebygrwydd? Chafodd o fawr o seibiant ar ddiwedd oes o lafurio caled.

Bu dau deulu arall yn byw yma wedyn. Yn 1922 symudodd John a Jane Jones yma yn fuan ar ôl priodi, Jane Hughes yn ferch leol o Ty'n Rhosgadfan, a John o Fôn, ond wedi bod yn was ar ffermydd cyfagos. Fuon nhw ddim yma'n hir achos yn 1926 symudasant i Ty'n Llwyn, tyddyn wrth odre'r Lôn Wen, a dyma ble magwyd Ceri Williams sy'n byw yn Rhostryfan.

Y preswylwyr nesaf oedd John William Hughes, Bryn Awelon a'i deulu. *'Entrepreneur'* cynnar, yn ei dro bu'n werthwr glo, chwarelwr yn chwareli'r Fron a Hen Fraich, yn rhedeg y chwareli yn y 1920au a 30au, a gyrrwr y bws cyntaf o Rosgadfan i Gaernarfon. Ymfudodd i'r America, efallai cyn Rhyfel 1914-18, a dychwelodd yn gymharol gyfoethog, ond bu gormod o hoelion yn y tân ganddo ac aeth yn feth-dalwr. Erbyn 1932/3 gwerthodd JWH y tyddyn i William Richard Hughes, ei dad, am £400. Chwe acer o dir, heblaw am Siop Cae'r Gors, a barhai yn eiddo i Evan, brawd KR. Yn 1943 ganwyd Gwilym, mab JWH, yng Nghae'r Gors, felly mae'n debyg bod JWH wedi byw yma drwy'r amser. Yn 1949 gwerthwyd tir wrth ochr Bryn Gwynedd i David Griffith Jones. Yn 1959 gwerthwyd y tyddyn unwaith eto, i Thomas Gwilym Hughes, *bricklayer*, ac Elen, mab i frawd JWH. Dyma'r preswylwyr olaf. Felly roedd Cae'r Gors wedi bod ym meddiant yr un teulu am dros 30 mlynedd. Yn 1961 gwerthodd TGH y tyddyn i Brian a Rosina Jones, ond ni fuont yn byw yma. Gwnaed cynlluniau i addasu'r tŷ, yn fynglo tair llofft, gyda *'pebble-dash'* ar y waliau ond ni ddaeth dim o hynny, diolch i'r drefn.

Prynu Cae'r Gors

Erbyn y 1960au cynnar roedd Cae'r Gors yn wag ers rhai blynyddoedd a'i gyflwr yn dirywio. Poenai hyn KR pan ymwelai â Rhosgadfan, soniodd wrth ei ffrindia, oedd yn aelodau o Blaid Cymru. Sefydlwyd cronfa ganddynt i brynu ac adfer y tŷ. £300 oedd cost prynu ond gyda £1000 arall ei angen i'w adnewyddu.

Mae'n ddiddorol darllen y sylwadau isod a'u cymharu â thrafodaethau Cyfeillion Cae'r Gors wrth gynllunio yn y 1990au. Roedd pobl amlwg iawn ym mywyd Cymru ar y pryd yn ymwneud â'r Gronfa, o fyd llên ac o wahanol bleidiau gwleidyddol. Cassie Davies yn Llywydd, Islwyn Ffowc Elis yn ysgrifennydd, a'r aelodau eraill oedd Alun Oldfield Davies, Dr Huw T Edwards, Syr Ifan ab Owen Edwards, Gwynfor Evans, K Harries Hughes, yr Athro Idris Foster, Dr Ll Wyn Griffith, D Gwenallt Jones, J Gwilym Jones, Saunders Lewis, Alun Llewelyn Williams, Syr Thomas Parry-Williams, y Prifathro Thomas Parry, Goronwy Roberts AS, Wyn Roberts, Syr Ben Bowen Thomas, yr Athro Caerwyn Williams, Dr D J Williams ac Ifor Wyn Williams.

Nid oes sicrwydd ar y funud pa ddefnydd a wneir o'r bwthyn ar ôl ei brynu. Ond yn sicr bydd rhaid ei atgyweirio gryn dipyn a rhoi rhyw gymaint o gyfleusterau modern i mewn ynddo. Yr un pryd bwriedir ei gadw mor debyg ag y gellir i'r Cae Gors gwreiddiol.

Ond ymysg yr awgrymiadau a glywyd bu'r syniad o'i ddefnyddio fel man y medrai nofelwyr Cymreig fynd yno i ysgrifennu. Ond mae dau anhawster ynglyn â hynny. Sef pwy a edrychai ar ôl Cae Gors pan fyddai'n wag. Gallai'r defnydd hwn hefyd fod yn rhwystr iddo fod yn agored i'r cyhoedd pan fynnont.

Tuedda'r syniadau hyn i grisialu'n awr felly gyda'r syniad o roi cwpl wedi ymddeol neu wraig weddw, a werthfawrogai fyw yn y lle, i fyw yno a'i gadw'n agored o hyd i'r rhai a eilw i weld hen gartref yr awdures. Dichon hefyd y byddai modd cadw stafell yno o'r neilltu i arddangos ei gweithiau.

Ond syniadau yn y gwynt yw'r rhain oll. Bydd rhaid penderfynu'n derfynol beth i'w wneud a'r bwthyn wedi cau Cronfa'r Deyrnged ac wedi ymgynghori ymhellach â dymuniadau Dr Kate Roberts.

Y Cymro, Mai 27 1965

Mai 1965 Nid wyf yn hollol sicr sut y cychwynodd y peth, heblaw mai peth i mi yn bersonol ydoedd ar y cychwyn. Yr oedd rhyw Sais a ddaethai'n blentyn cadw i Rosgadfan yn ystod y Rhyfel wedi prynu'r tyddyn, wedi adeiladu tŷ unllawr newydd iddo ef ei hun a gadael i'r hen dŷ fynd â'i ben iddo. Yn wir mae'r tir bron wedi dychwelyd i'w gyflwr cyntefig o frwyn a mawndir. Bob tro yr awn i Rosgadfan, byddwn yn torri fy nghalon wrth weld yr hen dŷ. Ni allwn ei brynu fy hun . . . buasai'n rhaid i mi godi arian ar y Cilgwyn. Yn awr yr oedd arnaf eisiau ei gadw am ei fod yn golygu cymaint i mi yn bersonol, yr un fath ag y buasai unrhyw berson calon feddal arall yn ei ddymuno, ac nid am y buasai'n golygu rhywbeth i'r genedl am fy mod i wedi digwydd bod yn sgrifennu storiau am ryw ddeugain mlynedd. Gwn beth yw fy maint llenyddol yn iawn, a gwn nad yw'r hyn a sgrifennais i yn golygu llawer.

AKAS

Faciwi oedd Brian Jones ac fe arhosodd yn yr ardal wedi'r Rhyfel. Mi gododd fynglo ar gongl ucha'r tir a'i alw'n Cae'r Gors, a mae'n parhau i fyw yno. Dysgodd Gymraeg, mae'n ei siarad cystal â neb arall a fagwyd yn Rhosgadfan. Roedd yno ddiwrnod yr Agoriad Swyddogol.

Gwnaed y penderfyniad tyngedfennol yn 1965 pan gytunodd BJ i werthu'r tŷ, ond nid y tir, i ofal Ymddiriedolwyr, aelodau amlwg o Blaid Cymru – Islwyn Ffowc Ellis, John Gwilym Jones, R E Jones, Elwyn Roberts, Cassie Davies, J R Cadwaladr, Ifor Wyn Williams (prifathro Ysgol Rhosgadfan), J E Jones. Roedd y tŷ mewn cyflwr gwael, doedd neb wedi byw yma ers rhai blynyddoedd, a rhan o'r to wedi disgyn. Cyflwynwyd adroddiad yn cynnig tri dewis, ail-adfer i'w gyflwr yn nechrau'r 20fed ganrif, ei addasau fel cartref i unigolyn fyddai'n ofalwr, neu ei wneud yn 'adfail rheoledig'. Ni chodwyd digon o arian i'w adfer ond diolch i'r drefn fe smentiwyd topiau'r muriau fel bod y gragen yn dal yna i ni ei hadnewyddu. Bu cyfarfod o flaen y tŷ yn 1971 – pryd y cyflwynodd Kate Roberts y tŷ i'r genedl, fel 'Adfail Rheoledig', ac felly y bu pethau am dros ugain mlynedd.

Teimlai rhai ei bod yn gywilydd o beth bod hen gartref un o'n prif lenorion yn y fath gyflwr. Yn 1995 trefnwyd cyfarfod cyhoeddus i drafod dyfodol Cae'r Gors a phenderfynwyd dechrau codi arian i adnewyddu'r tŷ, Guto a Marian Roberts, Eirug Wyn, Norman Williams yn amlwg. Ddwy flynedd yn ddiweddarach cyflwynodd y ddau ymddireidolwr gwreiddiol oedd yn weddill, Islwyn Ffowc Ellis ac Ifor Wyn Williams, Cae'r Gors i ofal Cyfeillion Cae'r Gors gyda'r canlynol yn ymddiriedolwyr: Guto Roberts, Eirug Wyn, Norman Williams, Arwel Jones, John Emyr, Nesta Williams, Arial Thomas a Geraint Williams, un o'r teulu.

Dechreuodd yr olwynion droi, yn weddol araf i ddechrau, ond yn newid gêr ymhen sbel, gan ail ystyried y bwriad o godi amgueddfa i geisio cael canolfan dreftadaeth, ac yn 2002 penodwyd Sharon Owen yn Swyddog Prosiect i lunio'r ceisiadau am nawdd. Wedi paratoi manwl sicrhawyd grant Cronfa Dreftadaeth y Loteri Genedlaethol ac arian

cyfatebol yn 2005. Yn Ionawr 2006 dechreuwyd ar y gwaith adeiladu gan gwmni Jones Brothers, Bontnewydd. Penodwyd Siân Eirian R Davies yn Rheolwraig Canolfan Treftadaeth Kate Roberts. Megan Williams, nith KR, agorodd y Ganolfan Dreftadaeth ar 14 o Fai 2007, roedd mor falch o gael gwneud. Pan ddaeth i fyny o Gaernarfon un tro i weld y gwaith adeiladu, a'r ffenestri yn eu lle erbyn hynny, cymerodd ei gwynt wrth y giat ac ochneidio a dweud, 'Mae o'n union fel roedd o!' Cynnau tân ar hen aelwyd.

Efallai y bydd o ryw werth ryw ddiwrnod os bydd y ffasiwn beth ag iaith Gymraeg yn bod, i bobl wybod sut oedd pobl yn byw ac yn teimlo . . . help i haneswyr cymdeithasol yn wir. Erbyn hyn aeth y peth o'm dwylo.

Annwyl Kate, Annwyl Saunders

Cae'r Gors (Mai 2007)

Hwn yw enaid ei mynydd, a hen graig
Te'n y grug a'i gweunydd:
Oriel o'r rwbel a rydd
Hen awen dan do newydd.

Norman Closs

Teulu Kate Roberts

'Cymeraf ddiddordeb mawr mewn tras, nid oherwydd balchder, ond oherwydd chwilfrydedd. Hoffaf wybod o ba le y deuthum, a cheisiaf ddychmygu sut bobl oedd fy hynafiaid, ac mae'r hyn a wnaethant yn y byd o ddiddordeb mawr i mi. Hyd y gwelaf, pobl falch o'u crefft oedd fy hynafiaid o bobtu, a phobl y gellid dibynnu arnynt . . .

Ychydig sydd gennyf i'w ddweud am fy nheidiau a'm neiniau oherwydd imi eu hadnabod yn eu henaint pan nad oedd ganddynt hwy ddiddordeb ynom ni na ninnau ynddynt hwythau. Deuthum i'w hadnabod gan mwyaf drwy glywed sôn amdanynt ar yr aelwyd gartref, ac wrth feddwl, rhyfedd gymaint a siaredid gan fy rhieni am eu teulu. O'm cof yr ysgrifennaf y pethau hyn, ag eithrio'r pethau a ddyfynnaf, a'r rheswm fy mod yn eu cofio cystal ydyw y byddai trafod arnynt o hyd ac o hyd ar yr aelwyd, nid unwaith na dwywaith y clywais hanes llosgi taid efo dŵr oer, ond ugeiniau o weithiau. Credaf mai peth da oedd eu bod yn sôn am y teulu fel hyn, ac yn cadw'r hanesion amdanynt yn fyw, mae'n magu ymwybod o barhád llinell a thylwyth ac o'ch cysylltiad â'r gorffennol.'

Y Lôn Wen

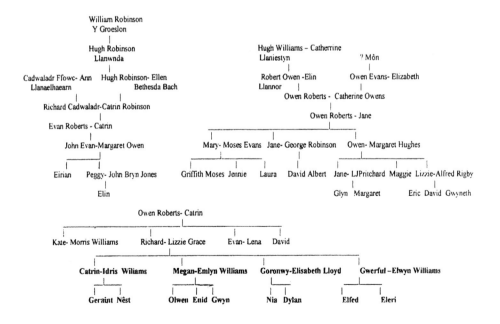

Gwelwch bod y gwahanol ardaloedd y bu canghennau'r teulu'n byw ynddynt yn ddrych o beth ddisgrifwyd yn 'Ymfudo i'r Ardal'. Plentyn ail briodas oedd Kate, felly'r rhieni a'r teidiau a'r neiniau yn hŷn na'r arferol. Mae'n ymwybodol o bwysigrwydd parhad a chof teulu, sgwrsio ar yr aelwyd, pethau prin yn aml heddiw.

Ochr ei mam

'Mab Ty'n Drain, Llanaelhaearn, oedd fy nhaid, tad fy mam – Richard Cadwaladr, mab Cadwlaladr ac Ann Ffowc. Credaf mai Cadwaladr Ffowc yw un o'r enwau tlysaf a glywais erioed, a phan af i'r byd nesaf, credaf yr af i chwilio amdano. Crydd ydoedd, a chrydd tlawd iawn yn ôl fel y clywais fy mam yn sôn. Ym Mhen y Groeslon, Rhostryfan, yr oedd yn byw pan fu farw. Ni allod fforddio prynu dodrefn o unrhyw werth hyd oni phriododd fy nhaid, a'm taid a roes iddo'r dodrefn a fyddai y pryd hynny – cloc, dresel a chwpwrdd deuddarn.'

Y Lôn Wen

Saif Ty'n Drain ar gwr y pentref ychydig is na'r tro am Lithfaen, yn dŷ deulawr o faint eitha erbyn heddiw, bu'n dafarn porthmyn ar un adeg, ac roedd olwyn ddŵr yno.

Pengroeslon 1841

Cadwaladr Ffowc	penteulu	60	crydd
Anne		55	
Richard Cadwaladr	mab	18	

'Mae bedd Cadwaladr Ffowc, tad fy nhaid wrth ymyl bedd Glasynys, ac wrth ei ochr mae bedd John Cadwaladr, brawd fy nhaid a fu farw yn 24 oed.' (Eglwys Llandwrog)

Y Lôn Wen

Cefn Horeb 1841

John Cadwaladr	20	chwarelwr
Alice	20	

Mae Cefn Horeb yn Rhostryfan. Beth achosodd ei farwolaeth gynnar? Beth fu hanes Alice, yn weddw bedair-ar-hugain oed? Oedd ganddynt blant?

'Yn 1847 y bu hyn (priodas Richard a Catrin), ac aethant i fyw i Bantycelyn, tyddyn ar gwr pentref Rhostryfan, mewn rhan o'r ardal a elwir yn 'Caeau Cochion'. Yno y buont byw drwy gydol eu hoes faith. Bu'r mab hynaf (John) yn byw yno wedyn, hyd ei farw, a'i fab yntau, (John R) am flynyddoedd lawer. Yno y mae merch fy nghefnder yn byw heddiw. (Eirian Williams)'

Y Lôn Wen

Yn 1960 y cyhoeddwyd y gyfrol a braf yw dweud bod Eirian ac Eric ei gŵr, yn dal yno, wedi magu tyaid o blant, yn cadw perthynas y teulu â'r tŷ, ac y mae disgynnydd arall yn byw'n Rhostryfan, Glyn Cadwaladr a'i deulu.

Pantycelyn 1851

Richard Cadwaladr	penteulu	28	chwarelwr	Llandwrog
Catherine	gwraig	27		Llandwrog
Ann	merch	3		Llanwnda
John	mab	1		Llandwrog
Richard	mab	3 mis		Llanwnda
Anne Ffowc	mam	70		Clynnog

Erbyn 1861 cawsant wyth o blant mewn 13 mlynedd, dwi'n siwr y byddai Richard a Catrin wedi hoffi cael mwy o feibion nac o genod. Teulu o ddeg a dim ond un cyflog i'w cynnal. Mi fyddai John yn cychwyn yn y chwarel 'mhen dim o dro.

Pantycelyn 1871

Richard Cadwaladr	penteulu	48	chwarelwr	Llandwrog
Catherine	gwraig	47		Llandwrog
John	mab	21	chwarelwr	Llanwnda
Catherine	merch	16		Llanwnda
Margaret	merch	12	sgolor	Llanwnda
Ellen	merch	11		Llanwnda
Henry	mab	10		Llanwnda
Elizabeth	merch	8		Llanwnda
David	mab	7		Llanwnda
William	mab	4		Llanwnda

Wyth o blant adref, ar ddau gyflog. Gyda theulu mawr mi fyddai'r plant hynaf wedi gadael cartref cyn geni'r rhai ieuengaf; mae Anne, Richard a Mary wedi gadael. Roedd genod i helpu gyda gwaith tŷ, diolch i'r nefoedd, a'r hogia yn gymorth ariannol anhepgor fel y dechreuent weithio.

Erbyn 1881 roedd amodau byw wedi gwella iddynt, dim ond pump o'r plant gartref a thri chyflog i'w cynnal.

Pantycelyn 1891

Richard Cadwaladr	penteulu	68	chwarelwr	Llanwnda
Catherine	gwraig	67		Llanwnda
John (gweddw)	mab	41	chwarelwr	Llanwnda
Ellen	merch	31	morwyn adre	Llanwnda
David	mab	26	chwarelwr	Llanwnda
William	mab	24	chwarelwr	Llanwnda
Cadwaladr	mab	22	chwarelwr	Llanwnda

Pum chwarelwr, pum cyflog, pawb yn oedolion, John yn ddi-briod yn 30 oed, yn weddw 41 oed.

Pantycelyn 1901

Catherine	gweddw	78		Llandwrog
David	mab	36	cadw siop	Llanwnda
John	penteulu	51	chwarelwr	Llanwnda
Mary (ail wraig i John)	gwraig	42		Llandwrog
John R	mab	1mis		Llanwnda

John y mab yn benteulu bellach, wedi ail-briodi. Symudodd mab arall, William, rhyw ddau ganllath i Fryn Celyn pan briododd.

Plant Pantycelyn

Richard Cadwaladr	1823	taid Kate
Catherine	1824	nain
Ann	1847	
John	1849	aros ym Mhantycelyn
Richard	1850	
Mary	1853	
Catherine	1854	mam Kate
Henry	1856	marw yn faban

Margaret	1858	
Ellen	1859	
Henry	1861	aeth yn weinidog
Elizabeth	1862	
David	1864	cadw siop sgidia yn Rhostryfan
William	1866	byw yn Rhostryfan
Cadwaladr R	1868	cadw Llythyrdy Trefor

Catrin Cadwaladr yn cael tri-ar-ddeg o blant pan oedd rhwng 24 a 45 oed, a cholli un yn faban.

'Mae gennyf yn fy meddiant lun nodedig iawn, sef llun fy nhaid a'm nain a deuddeg o'u plant, a'r rheiny i gyd wedi priodi. Mae dros 65 mlynedd er pan dynnwyd y llun (tua 1895), ac mae ei liw bron yn berffaith, er ei dynnu gan ddyn heb fod yn dynnwr lluniau wrth ei alwedigaeth, a hithau'n tywallt y glaw. Sulgwyn oedd hi, a'r plant a oedd yn byw bellaf wedi digwydd dyfod adref dros yr ŵyl. Gallwyd anfon neges i'r rhai a oedd yn byw wrth ymyl, ac felly y cafwyd y llun. Ganed tri-ar-ddeg o blant ym Mhantycelyn, ond bu un farw yn bump oed o'r diphtheria, salwch a gafodd fy ewyrth John yr un pryd ac a roes fyddardod parhaol iddo'

Y Lôn Wen

Trown at ei nain ar ochr ei mam, Catrin Robinson, bu'r ochr yma o'r teulu'n byw yng ngwaelodion plwyfi Llanwnda a Llandwrog ers cenedlaethau. Roedd ei hen, hen, hen daid, William Robinson, a'i hen, hen daid, Hugh Robinson, yn byw ym Mhlas Mawr, fferm ar gyrion y Groeslon. Mae Plas Mawr yn dŷ helaeth, yn fferm yn hytrach na thyddyn. Priododd ŵyr i William, Hugh arall, ag Ellen merch Cefn Eithin, Bethesda Bach, tyddyn yn ffinio ar Plas Mawr. Merch iddynt oedd Catrin Robins, Cadi Robins yn ôl Gilbert Williams. Os oes tŷ unnos yn yr ardal yna mae Cefn Eithin yn siwr o fod yn un ohonynt, mae'n fychan iawn, gyda lle tân mawr, y distiau yn syth oddi ar y goeden, ac oledd y to yn awgrymu'n gryf mai to gwellt oedd arno. Yr ieir a'r hwyaid sy'n teyrnasu ynddo bellach, rhan o adeiladau fferm Crud y Nant, a mae yna Gefn Eithin diweddarach yno.

'Ganed fy nain, Catrin Cadwaladr, mam fy mam, yng Nghefn Eithin, tyddyn heb fod yn bell o'r Groeslon a Llanwnda, yn Sir Gaernarfon, ddydd Gŵyl Ifan 1823. Merch Cefn Eithin oedd mam fy nain, a briodasai â Hugh Robinson.

Fy nain oedd yr ieuengaf o dyaid mawr o blant, a phan oedd hi yn ddyflwydd oed daeth clefyd i Gefn Eithin, a cymerodd ei modryb fy nain ati i Bont Wyled gerllaw. Nid aeth hi byth yn ôl i Gefn Eithin ond aros gyda'i modryb. (tua 1825)'

Y Lôn Wen

'Ychydig flynyddoedd yn ôl bûm yn aros yn Llandwrog, a myned i'r fynwent yno. Rhyfeddais at y nifer o deulu fy nain a gladdesid yno, teulu Cefn Eithin. Gwelais fedd William Robinson, Plas Mawr, fy hen hen hen daid. (ganed 1729)'

Erthyglau ac Ysgrifau Llenyddol

Hen daid – Cadwaladr Ffowc, crydd, Ty'n Drain, Llanaelhaearn. Bu farw ym Mhengroeslon, Rhos Isaf. Hen nain – Ann Ffowc.

Taid – Richard Cadwaladr (1819-1895) 74 oed, o Lanaelhaearn yn wreiddiol. Bu'n gweithio yn chwarel Dinorwig cyn priodi Catrin Robinson o'r Groeslon ym 1847 yn eglwys Llanwnda, ac aethant i fyw i Bantycelyn, Caeau Cochion ar gyrion Rhostryfan.

Hen, hen, hen daid – William Robinson g 1729 Plas Mawr, Groeslon Hen, hen, daid – Hugh Robinson.

Hen daid – Hugh Robinson, m 1847, hen nain – Ellen Cefn Eithin, Y Groeslon a Pont Wyled.

Nain – Catrin Robinson (1823-1912) 89 oed, llaethwraig ym Môn cyn priodi.

Nain Pantycelyn

'Y peth a ddaw gyntaf i'm meddwl wrth gofio am fy nain Pantycelyn yw cadernid. Hen wraig ydoedd pan gofiaf hi gyntaf - bu farw yn niwedd 1912 yn 89 oed, a minnau ar ddechrau fy ail flwyddyn yn y coleg. Yr oedd yn gadarn iawn o gorff. Ni bu erioed yn sâl hyd o fewn deng niwrnod cyn ei marw, pan gafodd ergyd o'r parlys. Er ei bod mor hen, yr oedd ganddi gorff siapus, heb fod yn rhy dew nac yn rhy denau. Yr oedd ganddi dipyn o henc yn niwedd ei hoes, effaith damwain fechan a gafodd; ond nid effeithiodd hynny ddim ar ei chorff. Dau lygad glas, miniog oedd ganddi, yn wir yr oedd yr un ffunud â'r hen wraig yn y darlun 'Salem', ond bod yr olaf yn ymddangos yn dalach. Credaf bod hen wragedd ers talwm yn ymddangos yn debyg i'w gilydd am nad oedd gandddynt ddannedd. Prin y cofiaf yr un hen wraig a chanddi ddannedd gosod.

Hyd y gwn hefyd yr oedd fy nain yn bur gadarn o bersonoliaeth, dywedaf hyd y gwn, gan nad adwaenwn moni'n ifanc, a hyd y cofiaf hefyd, ni chlywais neb yn dweud ei bod yn styfnig yn ei henaint, peth sy'n nodweddiadol o hen bobl. Ond bu hi'n ddigon ffodus i osgoi'r amgylchiadau sy'n dyfod â styfnigrwydd hen bobl i'r golwg. Ni fu'n rhaid iddi ddibynnu llawer ar neb. Hyd y sylwais pan mae hen bobl yn colli eu haelwydydd eu hunain ac yn gorfod dibynnu ar bobl eraill yr ânt yn styfnig. Flynyddoedd cyn ei marw adeiladodd fy ewythr John, ei mab hynaf, dŷ yn nhalcen tŷ Pantycelyn a gwnaeth ddrws o un tŷ i'r llall, nid yn unig er mwyn medru myned i dŷ fy nain yn gynt, ond am mai ef a ddaliai'r tir y pryd hynny, a defnyddient dŷ llaeth yr hen dŷ. Medrai fy nain wneud y rhan fwyaf o ddyletswyddau tŷ hyd y diwedd, a gwnai ei merched-yng-nghyfraith y pethau eraill iddi.

Yr oedd rhyw lymder yn ei hwyneb - efallai mai yn ei henaint y daeth, a byddai arnaf fi ofn y llymder hwnnw braidd. Ni fedrai oddef ffolineb, ac ni fedrai oddef rhai pethau eraill ychwaith, megis os arhosech ar ei haelwyd yn rhy hir. Gwyddwn yn iawn pan fyddai wedi blino ar fy nghwmpeini, medrai ddangos hynnny mewn rhyw ddull oer; a phan ddywedwn i, 'Rydw i am fynd rwan', byddai ei 'Dos ditha', yn dangos yn eglur iawn beth oedd ei dymuniad. Yr oedd ei Chymraeg yn gadarn a chyhyrog.'

Y Lôn Wen

'cadarn iawn o gorff' – rhaid ei bod i eni 13 o blant!
'ni fedrai oddef ffolineb' – elfen a etifeddodd KR.
'Cymraeg cadarn a chyhyrog' – peth da i blant oedd cwmpeini taid a nain a gwrando ar eu sgwrsio.

Taid Pantycelyn

'Nid wyf yn cofio llawer am fy nhaid, oblegid bu farw pan oeddwn i yn bedair a hanner oed . . . Dyn gweddol dal, golygus ydoedd, o bryd golau a llygad glas; wyneb llwyd, addfwyn, a rhyw ddifrifwch ynddo. Dyna'r argraff a gaf oddi wrth ei ddarluniau . . .

Saer coed yn y chwarel oedd yn ei flynyddoedd olaf ac yr oedd yn gelfydd iawn gyda'i ddwylo. Yr oedd wedi troi rhyw siambar yn y tŷ, a elwid yn 'siambar dywyll' yn weithdy, ac yno, ac ef yn llifio, y rhedodd fy modryb Lusa, dair oed, â'r llif yn ddamweiniol yn torri ei bys bach i ffwrdd. Cofiaf fod yno seston lechen fawr o'i waith yn dal y dŵr glaw o dan y fargod.'

Y Lôn Wen

Ochr ei thad

'Mae gennyf stori bur wahanol i'w dweud am deulu fy nhad. Nid oeddent hwy yn hanfod o'r cyffiniau, er na ddaethent o bell. Mwy na hynny, ni chlywais erioed mo'm tad yn sôn am ei hynafiaid, os gwyddai rywbeth amdanynt, er y byddai'n myned i gladdu rhai ohonynt i Lŷn weithiau. Bu'n claddu hen fodryb iddo unwaith, 103 oed, a chofrestr ei bedydd ar y bwrdd er mwyn i bawb gredu ei bod yn 103. Symudodd fy hen daid a'm hen nain o du fy nhad o ochr Garn Fadryn yn Llŷn, i Lanllyfni i gychwyn, ac oddi yno ymhen tipyn, ni wn faint, i ochr Moeltryfan, y cwbl ohonynt. Clywais ddywedyd fod fy nhaid yn bedair oed ac ar ben y llwyth mud pan fudent, ond ni wn pa un ai ar y llwyth mud o Lŷn i Lanllyfni ai ar y llwyth mud o Lanllyfni i Foeltryfan. (tua 1830/32)

Bu fy hen nain yn byw wedyn (ni allaf ddweud a oedd fy hen daid yn fyw yr adeg hon) yn Hafod y Rhos, Rhosgadfan. Y rheswm i mi gofio hyn ydyw imi glywed fy nhad yn dweud iddo fynd i dŷ ei nain i Hafod y Rhos, yn llaw ei fam, pan oedd yn blentyn rywle rhwng pedair a chwech oed, (1855 /57) a thra oedd ei fam a'i nain yn sgwrsio wrth y tân, iddo ef fynd i'r drôr yn y bwrdd mawr (bwrdd cwpwrdd, fel y gelwir ef gan rai) a bwyta pwys o fenyn cyfa fesul tamaid. Modd bynnag, ym Mryn Ffynnon, tyddyn bychan yn agos i chwarel Cors y Bryniau, yr oedd fy nhaid a'm nain yn byw. Credaf mai yno yr aethant ar ôl priodi, ac ni symudasant oddi yno hyd o fewn rhyw flwyddyn a hanner cyn marw fy nhaid.

Y Lôn Wen

Robert Owen, Ty'n Llannor, Rhos Fawr ac Elin, Llanisetyn, oedd yr hen daid a nain. Nis gwn i ble y daethant i'r ardal ond aethant i fyw rywbryd i Ddyffryn Twrog ar gyrion Y Fron, efallai mai'n syth yno o Lanllyfni. Yno'r oedd taid KR, Owen Roberts, yn byw cyn priodi.

Un o'r Waunfawr oedd fy nain, mam fy nhad, ond fe'i clywais hi yn dweud unwaith mai o Sir Fôn y daethant i'r Waunfawr.

Y Lôn Wen

Yn ôl Cyfrifiad 1841 mae Catherine Owens yn 11 oed, brawd 24 oed, Henry, yn chwarelwr, a'i mam Elizabeth yn 45 oed. Nid oedd y tad gartref adeg y cyfrifiad. Priododd Owen Roberts Catherine Owens, merch Owen Evans, Tyn-y-mynydd, yn eglwys Llanwnda yn 1849 a symud i Frynffynnon yn fuan wedyn. Mae Tyn-y-mynydd ar fraich Moel Smytho rhwng Rhosgadfan a'r Waunfawr, yn dyddyn eitha sylweddol o'i gymharu â'r rhelyw. Ym mhlwyf Llanwnda y mae Tyn-y-mynydd, ond yn nes i'r Waunfawr nag i Rosgadfan. Mae'n debyg yr ystyrid y tyddynnod o ben ucha'r Lôn Wen i lawr ochr y Coed Mawr fel rhai'n perthyn i Ddyffryn Gwyrfai. Mae capel Penrallt, Alltgoed Mawr yn llawer nes na rhai ardal Moeltryfan hefyd.

Os oedd plant eraill gan Robert ac Elin buasent wedi gadael cartref erbyn 1851 mae'n debyg, mae presenoldeb yr wyres yn awgrymu bod plentyn arall heblaw Owen. Dyffryn Twrog sydd ar gofnod claddu Robert Owen ym mynwent Hermon 1797 - 1874.

Dyffryn Twrog 1851

Robert Owen	53	chwarelwr	Llannor
Eleanor	56	gwraig	Llaniestyn
Eleanor	9 mis	wyres	Llandwrog

Erbyn 1861 roedd Owen yn gweithio yn chwarel y Cilgwyn, a'i ddau fab, Robert ac Owen, gydag ef. Dechreuodd Owen, tad KR yn y chwarel yn 9 oed. Yn 1861 lladdwyd Robert y mab hynaf (1849-1861) mewn damwain yn chwarel y Cilgwyn yn 12 oed, fe'i claddwyd ym mynwent Horeb, Rhostryfan.

Yn 1901 symudodd Owen a Catrin i Hafod y Rhos Isa, a Kate eu merch a'i gŵr yn symud i Frynffynnon, ffeirio tai. Bu Morris eu mab hwythau yn byw yno wedyn. Bu farw Owen Roberts yn 1904 yn 77 oed. Roedd yn un o flaenoriaid cyntaf capel Rhosgadfan.

Brynffynnon 1851

Owen Roberts	penteulu	24	Chwarelwr	?
Catherine	gwraig	22		Llanwnda
Robert Owen	mab	2		Llanwnda
Owen (tad KR)	mab	? mis		Llanwnda

Brynffynnon 1861

Owen Roberts	penteulu	34	chwarelwr	Llaniestyn
Catherine	gwraig	32		Llanwnda
Robert	mab	11	chwarelwr	Llanwnda
Owen	mab	10	chwarelwr	Llanwnda
Elizabeth	merch	5		Llanwnda
Hugh	mab	3		Llanwnda
John	mab	1		Llanwnda

Er bod Brynffynnon yn agosach i chwareli Moeltryfan a Chors y Bryniau, i chwarel y Cilgwyn yr âi Owen Roberts, a Robert ac Owen gydag ef o oedran ifanc iawn, tua tri-chwarter awr o waith cerdded.

Brynffynnon 1871

Owen Roberts	penteulu	44	chwarelwr	Llaniestyn
Catherine	gwraig	42		Llanwnda
Hugh	mab	13	sgolor	Llanwnda
John	mab	11	sgolor	Llanwnda
Ellen	merch	9	sgolor	Llanwnda
Robert	mab	5	sgolor	Llanwnda
Catherine	merch	4		Llanwnda
Evan	mab	1		Llanwnda

Robert wedi marw, Owen wedi priodi, Elizabeth yn gweini, enwi mab arall yn Robert. Erbyn 1891 dim ond y fenga o'r plant oedd ar ôl adra ac erbyn 1901 dim ond y rhieni oedrannus. Symudodd y ddau o fewn blwyddyn neu ddwy.

Brynffynnon 1901

Owen Roberts	penteulu	74	chwarelwr	Llaniestyn
Catherine	gwraig	72		Llanwnda
Hugh O	ŵyr	15	chwarelwr	Llanwnda

Mab i un o'r genod oedd Huw, dim ond pum mlynedd yn hŷn na KR, ac fe'i magwyd gan ei daid a'i nain. Roedd yn fachgen cryf o gorff, aeth i weithio i'r chwarel, ond pan oedd tua deunaw dechreuodd gael poenau yn ei ochr. Doedd y meddyg ddim yn gwybod beth oedd yn bod. Datblygodd y darfodedigaeth, bu'n nychu am flynyddoedd a bu farw yn 26 oed. Yn ei gaethiwed cymerodd ddiddordeb mewn llenyddiaeth.

'Pan awn i'w weld yn ystod y gwyliau (o'r coleg) byddai wrth ei fodd yn siarad am y pethau a astudiwn. Yr oedd rhyw fynegiant yn ei lygaid a wnâi i mi deimlo y dylai yntau gael yr un manteision. Gwn y gwnaethai lawn cystal defnydd ohonynt â minnau.

Wrth feddwl am salwch Huw, byddaf yn meddwl peth mor ddianghenraid oedd ei farw cynnar. Heddiw, darganfuasid beth oedd y drwg yn fuan iawn, a hyd yn oed wedyn, gallesid gwella'r diciâu. Mae'r fynwent yn Rhosgadfan yn llawn o rai tebyg iddo.'

Ledled Cymru, Y Faner

'Priododd yn ugain oed, (Catrin Roberts) ac ni chafodd lawer o bethau'r byd hwn wedyn, wrth fagu tyaid o blant, colli llawer ohonynt, a hynny yn nhrai a llanw cyflog y chwareli. Mae'n debyg nad oedd ei bywyd ddim gwahanol i fywyd gwragedd eraill yn yr oes honno, ond o hynny a welais ar fy nain yn ei hen ddyddiau, tybiaf y buasai ganddi'r gynneddf i allu mwynhau pethau da bywyd, dillad da, hardd a bywyd moethus. Tybio hynny yr wyf, efallai mai fel yna yr oedd hi hapusaf. Collodd rai o'r plant yn fabanod, collodd un mab yn un-ar-hugain oed (Hugh, 23?), un arall yn chwech-ar-hugain (Evan), a'r bachgen hynaf (Robert) yn ddeuddeg oed mewn damwain erchyll yn y chwarel.'

Y Lôn Wen

Plant Brynffynnon

Owen Roberts	1827 – 1904	77 oed	taid Kate
Catherine	1829 – 1917		nain
Robert Owen	1849 – 1861	12 oed	damwain yn chwarel y Cilgwyn
Owen	1851 – 1931	80 oed	tad Kate
Elizabeth	1856		
Hugh	1858 – 1881	23 oed	
John	1860		
Ellen	1862		
Robert	1866		Robert arall
Catherine(Kate)	1867		
Evan	1869 – 1895	26 oed	

Catrin Roberts yn cael naw o blant pan oedd rhwng 20 a 40 oed yn ogystal â'r rhai a gollwyd yn fabanod.

Taid Brynffynnon

'Cofiaf fy nhaid Brynffynnon yn well na'm taid Pantcelyn, oherwydd bu'r cyntaf fyw hyd 1904, a chofiaf ei gladdu fel petai ddoe, gan mai'r Sadwrn cyn imi ddechrau yn yr Ysgol Sir ydoedd. Yr oedd arnaf ei ofn braidd am ei fod yn flaenor, nid oedd raid i mi ofni ychwaith, oblegid hen ŵr rhadlon, caredig ydoedd. Gan fod ein tŷ ni yn agos i'r capel, a Bryn Ffynnon ymhell, deuai i'n tŷ ni i gael te ambell brynhawn Sul, a bob amser, i frecwast naw ar ddydd Llun Diolchgarwch. Parchus ofn oedd yr ofn a fyddai arnom, gan y byddai bob amser yn gofyn gras bwyd.

Bob tro y bum ym Mrynffynnon gyda'r nos, ni welais fy nhaid yn gwneud dim ond darllen yn ei gadair freichiau wrth y tân, ac âi ymlaen i ddarllen fel pe na bai neb yno. Gallaf ei weld yrwan efo'i farf wen, ei wefus uchaf lân, lydan, a'i lygaid tywyll, pell oddi wrth ei gilydd, ei lyfr ar fraich y gadair, ac yntau yn ei fwynhau gymaint nes gwenu wrtho'i hun. Un tro, pan oedd nain yn rhoi dŵr oer yn y boiler wrth ochr y tân collodd y piseriad am ben traed taid, a gwaeddodd yntau dros y tŷ gan godi ei draed bron at ei ben, 'Dyna chdi wedi i gneud hi, Cadi, wedi fy sgaldian i.' Dyna faint ei ddiddordeb yn ei lyfr a'i anghofusrwydd o bethau y tu allan.'

Y Lôn Wen

Blinedig wedi gwaith chwarel a thyddyn fyddai o mae'n siwr.

Nain Brynffynnon

Adwaenwn fy nain Brynffynnon yn well, oherwydd iddi fyw yn hwy na'm taid. Hen wraig dal yn tueddu i gwmanu oedd hi, yn lân ofnadwy yn ei thŷ, ac yn hoffi gwneud bwyd. Byddai'n bleser mynd yno i gael ei theisen a'i bara brith. Yr oedd yn un ardderchog am wneud cyfleth, ac yr oedd yn un o'r bobl y dywedid amdanynt eu bod yn 'credu' wrth wneud bwyd. Ni chlywais yr ymadrodd yna yn ei gysylltiad â choginio ers blynyddoedd maith. Dywedid os oeddech yn rhoi menyn yn lle lard mewn teisen eich bod yn 'credu', neu os rhoddech wyau yn lle peidio â'u rhoi. Mae'n siwr gennyf i fod Mrs Beeton wedi credu llawer. Wel, un o'r credinwyr oedd fy nain. Rhoddai bwys cyfan o fenyn yn ei chyfleth amser y Nadolig, cymerai drafferth i'w dynnu a'i gyrlio a'i roi ar lechen gron wedi ei hiro efo menyn, ac ni phrofais fyth wedyn y fath gyfleth ychwaith. Buasai fy nain Pantcelyn yn gwaredu rhag y fath wastraff. Byddai ei bwrdd cynhaeaf gwair yn un o 'wleddoedd y bywyd' a nefoedd i'w henaid, ni wnaeth erioed wahaniaeth rhwng y plant a'r bobl mewn oed a eisteddai wrth ei bwrdd. Wedi porthi'r olaf, gwnâi wledd arall i ni'r plant wedyn, ac y mae'n rhaid ei bod wedi blino'n sobr. Dynes a ddylsai gael arian mawr oedd fy nain i brynu moethau a phethau da bywyd. Gwyddai beth a oedd yn dda a pheth nad oedd.

Ond ysywaeth, ni bu ganddi erioed ddimai dros ben, er iddi weithio'n galed ar hyd ei hoes, a dioddef digon o boenau'r byd yma. Heddiw, byddaf yn meddwl mwy amdani hi nag am yr un o'm hynafiaid, oblegid i Ffawd fod mor angharedig wrthi, ac iddi hithau fod mor garedig ei hun wrth bawb. O'r mymryn a oedd ganddi fe roddai yn hael, caech groeso a charedigrwydd bob amser yn ei thŷ, ac ni wyddai pa bryd i stopio rhoi. Buaswn wedi hoffi ei hadnabod pan oedd yn ddynes ifanc, er mwyn gwybod a gafodd hi lawenydd, nid ei bod yn drist yn ei henaint . . .'

Y Lôn Wen

Y TRYWYDD I GAE'R GORS

1	**Llwyn Onn, Garn Fadryn**	Catherine Williams	*hen hen nain*
		Elin Williams	*hen nain*
2	**Ty'n Llannor, Rhos-fawr**	Robert Owen	*hen daid*
3	**Tyddyn Drain, Llanaelhaearn**	Cadwaladr ac Ann Ffowc	*hen daid a nain*
4	**?? Llanllyfni**	Robert ac Elin Owen	*hen daid a nain*
5	**Pengroeslon, Rhos Isaf**	Cadwaladr ac Ann Ffowc	
		Richard Cadwaladr	*taid*
6	**Plas Mawr, Y Groeslon**	WilliamRobinson	*hen hen hen daid*
		Hugh Robinson	*hen hen daid*
7	**Cefn Eithin, Bethesda Bach**	Hugh ac Ellen Robinson	*hen daid a nain*
8	**Dyffryn Twrog, Y Fron**	Robert ac Elin Owen	*hen daid a nain*
9	**Tynymynydd, Waunfawr**	Owen ac Elizabeth Evans	*hen daid a nain*
		Catherine Owens	*nain*

10	**Brynffynnon, Rhosgadfan**	Owen a Catrin Roberts	*taid a nain*
11	**Pantycelyn, Rhostryfan**	Richard a Catrin Cadwaladr	*taid a nain*
12	**Hafod y Rhos Isaf, Rhosgadfan**	Elin Owen	*hen nain*
13	**Grugan Ganol, Y Groeslon**	Evan Roberts a Catrin	*Mam*
14	**Bryn Gwyrfai, Rhosgadfan**	Owen a Catrin Roberts	*Tad a Mam*
15	**Cae'r Gors**	Owen a Catrin Roberts	*Tad a Mam*

Cymeriadau cryfion oedd y ddwy nain, fel ei mam, does ryfedd i Kate fod o'r un anian ac iddi sgwennu am ferched cyffelyb, fel Jane Gruffydd yn *Traed Mewn Cyffion*.

Yn 'credu,' rwy'n cofio'r dywediad adref, a roedd mam felly efo bwyd, fu ganddi hithau 'rioed arian wrth gefn ond caem y gorau, yn fenyn ar frechdan, crempog, pwdin reis hufennog, y cig gorau ar ddydd Sul, digon o faeth.

Rhieni Kate Roberts

Bryn Gwyrfai 1881
Owen O Roberts	penteulu	30	chwarelwr	Llanwnda
Jane	gwraig	30		Llannor
Mary	merch	10	sgolor	Llanwnda
Jane	merch	6	sgolor	Llanwnda
Owen O	mab	3		Llanwnda

Grugan Ganol 1881
Evan Roberts	penteulu	31	labrwr	Bryncroes
Catherine	gwraig	26		Llanwnda

Bryn Gwyrfai 1891
Owen O Roberts	penteulu	40	chwarelwr	Llanwnda
Catherine	gwraig	36		Llanwnda
Owen	mab	13	chwarelwr	Llanwnda
John E	mab	7?	sgolor	Llandwrog
Kate	merch	2 fis		Llanwnda

Ganed Owen Roberts yn 1851 ym Mrynffynnon. Wedi chydig flynyddoedd o addysg yn ysgol Rhostryfan dechreuodd weithio yn chwarel y Cilgwyn yn naw oed. Priododd Jane Williams, aelod o 'deulu hogia bach' yn wreiddiol o ardal Llannor yn 1870 a symudasant i Fryn Gwyrfai i fyw. Ganwyd wyth o blant iddynt ond bu pump farw yn ifanc. Bu Jane yn wael am rai blynyddoedd a bu farw yn 1883 yn 32 oed gan adael Owen yn weddw 32 oed gyda thri o blant, Mary, Jane ac Owen.

Ganed Catrin yn 1855 ym Mhantycelyn, yn un o deulu mawr. Bu'n gweini yn ardal Moeltryfan, a wedyn ym Mryn Llwyd dros y ffordd i'w chartref. Priododd Evan Roberts o'r Groeslon yn 1874 gan gartrefu yn y Grugan Ganol. Ganed merch fu farw yn faban, a mab iddynt, John Evan, yn 1884 ond bu farw Evan yr un flwyddyn, yn 35 oed, gan adael Catrin yn weddw 29 oed. Daeth yn ôl i'w chartref ym Mhantycelyn a magwyd John yno gyda'i daid a nain, tra bu Catrin yn gweithio fel bydwraig.

Yn 1890 ail-briododd Owen Roberts â Catrin Cadwaladr/Roberts. Buont hwythau fyw ym Mryn Gwyrfai gyda mab Catrin, John Evan, yno efo nhw. Symudasant i Gae'r Gors yn 1895. Ganed pedwar o blant iddynt, Kate, Richard, Evan a David. Yn 1907 symudodd Owen o'r Cilgwyn i chwarel Cors y Bryniau, bu'n Lerpwl am rai blynyddoedd yn ystod y Rhyfel Byd Cyntaf ac yna pan ddaeth adref aeth yn ôl i Gors y Bryniau tan 1931 pan oedd yn 79 oed. Collodd ei fab Owen yn 1931, drwy hunanladdiad, a bu yntau farw'r flwyddyn ddilynnol yn 80 oed. Bu Catrin farw yn 1944 ym Maesteg.

'Yr oedd fy nhad yn ddeugain oed pan aned fi, ac ni chofiaf mohono erioed â chnwd o wallt ar ei ben yn ei liw cynhenid. Mae gennyf ddarlun lliw ohono a dynnwyd rywdro tuag amser fy ngeni, darlun a ymddengys yn naturiol iawn: llygaid gwinau byw, gwallt cringoch a mwstas coch. Nid oedd yn dal, ond yr oedd yn ddyn del iawn. Ei wyneb yn siriol a chynhesol. Anaml yr edrychai'n brudd, ond pan wnâi, byddai'n brudd iawn.

Ni chafodd ysgol ar ôl pasio ei naw mlwydd oed. Cedwid ysgol yn Rhostryfan y pryd hynny, tua 1860, gan ryw ddyn a fedrai ychydig Saesneg, mae'n debyg, ond aeth yn sgarmes rhyngddo ef a'm tad, a hitiodd fy nhad ef yn ei ben efo riwler, gan brin fethu ei lygad. Dywedodd fy nhaid wrth nain y noson honno am iddi chwilio am drwsus melfaréd iddo, er mwyn iddo fynd i'r chwarel drannoeth. Ni wn ar y ddaear sut y bu i nain gael trywsus yn barod iddo yr adeg honno ar y dydd - torri hen un i'm taid, neu un ar ôl ei frawd hynaf reit siwr. Ond bore trannoeth ar doriad y dydd, yr oedd fy nhad yn cychwyn gyda'i frawd dyflwydd yn hŷn, (Robert), a'i dad am chwarel y Cilgwyn. Bu'n gwneud y daith honno am yn agos iawn i hanner canrif . . .

Pan wnai fy nhad ryw swydd o gwmpas y tŷ neu'r caeau, fe'i gwnâi ar gyfer y ganrif nesaf gan mor solet y byddai. Yr oedd yn rhaid rhoi sylfaen hyd yn oed i fwgan brain. Cofiaf ei fod wrthi un dechreunos, ar y Sadwrn, yn gwneud bwgan brain yn y cae tatws, a minnau yn y tŷ ar fy mhen fy hun yn ceisio gwneud fy Lladin ar gyfer y Llun. Daeth yntau i'r tŷ a gofyn a wyddwn lle i gael rhywbeth i wisgo'r bwgan brain. Neidiais yn awyddus i helpu gan mor falch oeddwn o adael Cicero a'i fygythion. Cefais hyd i hen het a chôt iddo ef ei hun, a darn o hen gyrten lês. Wedi mynd i'r cae yr oedd yn werth gweld ffrâm y bwgan brain, ni fuasai corwynt yn ei daflu, gan mor ddwfn oedd y sylfaen yn y ddaear. Gwisgwyd ef yn barchus, a rhoddais yr het am ei ben ar fymryn o osgo, ar ongl yn union fel y gwisgai 'nhad ei het. Yr oedd y cae hwn yn wynebu'r capel, a bore trannoeth, wrth fynd i'r gwasanaeth, meddai mab un o'r cymdogion, 'Ylwch Owen Roberts, Cae'r Gors, yn trin ei gae ar ddydd Sul.'

Y Lôn Wen

'Nid yw cyn hawsed dweud hanes fy mam, yr oedd yn gymeriad cymhleth ac anghyson. Pan gofiaf hi gyntaf yr oedd yn tynnu at ei deugain, yn gwisgo cêp a bonet yn ôl ffasiwn y dyddiau hynny, ac yn ymddangos yn hen iawn i mi. Byddai y pryd hwnnw yn dioddef llawer iawn gan boen yn ei stumog, ac felly y cofiaf hi gyntaf yn wael yn aml, er na byddai byth yn aros yn ei gwely. Gallaf weled yn iawn erbyn hyn mai gweithio yn rhy galed y byddai heb gael digon o orffwys i'w nerfau ac felly yn methu treulio ei bwyd. Fel fy nhad, gweithiodd hithau'n galed iawn ar hyd ei hoes, ond yn wahanol iddo ef, ni roddai hi'r gorau i waith a mynd i orffwys. Yr oedd fy nhad yn gallach na hi yn hyn o beth.

Fel ymhob teulu mawr y pryd hwnnw, yr oedd yn rhaid i'r merched hyd yn oed droi allan i weithio yn ifanc. Deg oed oedd fy mam pan aeth i weini gyntaf. Buasai am ryw gymaint yn yr ysgol, yn Rhostryfan, yr un ysgol ag y buasai fy nhad ynddi, ond o dan ysgolfeistr arall. Modd bynnag, gwnaeth fy nain beth call, ar ôl i mam fod yn gweini am ryw bum mlynedd, anfonodd hi am ryw chwarter o ysgol i Gaernarfon, ysgol a gedwid gan hen ferch yn nhop Stryd y Llyn, lle a elwir heddiw yn Uxbridge Square. Credaf fod amryw o ferched Rhostryfan wedi bod ynddi. Cafodd ddysgu darllen, ysgrifennu a gwneud rhifyddeg yno.

Wrth gwrs, rhy fyr o lawer oedd y cyfnod. Nid oedd rheswm fod plentyn deg oed yn cychwyn i weini. I rywle ar ochr Moeltryfan yr aeth fy mam gyntaf, a byddai'n gweld ei thad ambell noson wrth iddo fynd adref o chwarel Moeltryfan, a byddai'n gweiddi crïo gan hiraeth wrth droi cefn arno. Fe aeth yn nes i Bantycelyn, ei chartref, wedi hynny. Hawdd dweud, 'Pam na ddechreuasai weini yn ymyl ei chartref?' ond cofier, yn wahanol iawn i heddiw, lleoedd oedd yn brin y pryd hynny, ac nid morynion.

O'r dydd yr aeth i weini gyntaf hyd ei marw, bu fy mam yn ddewr. Dangosodd hyn pan oedd yn ifanc, yn ôl yr hanesion a ddywedai amdani ei hun . . .

Yr oedd fy mam yn ddynes blaen iawn ei thafod, os cynhyrfid hi gan rywbeth. Pan fyddai wedi cynhyrfu dywedai'r gwir plaen, ac nid mewn gwaed oer. Siaradwn am ddoethineb, neu y gallu i ddal ein tafod, yn aml fel rhinwedd mawr. Nid rhinwedd ydyw bob amser. Dibynna ar ein synnwyr o'r hyn sy'n gyfiawn, ac mae'r bobl a chanddynt synnwyr o gyfiawnder yn gweld anghyfiawnder yn sydyn ac yn dweud y gwir, costied a gostio. Ystyr dal y tafod yn bur aml ydyw methu gweld anghyfiawnder, ac ystyrir pobl fel hyn yn ddoeth. Fy mhrofiad i o fywyd ydyw fod pobl ddoeth yn aml iawn yn fradwrus. Ar y llaw arall, mae yna bobl a ddyfyd bethau plaen mewn gwaed oer, pethau wedi eu meddwl ymlaen llaw, a dywedir hwy yn aml, nid oherwydd teimlo dros yr hyn sy'n iawn, ond er mwyn y pleser o frifo. I'r dosbarth cyntaf y perthynai fy mam. Gwylltiai'n sydyn, a deuai ati ei hun yn sydyn.

Meddwl rhamantus a oedd ganddi. Yr oedd yn ddigon bodlon edrych ar fywyd yn hollol fel yr oedd bob dydd, ac ni chaeai ei llygaid i'w bethau annymunol. Ond mewn stori yr oedd arni eisiau gweld bywyd fel y dymunai hi iddo fod ac nid fel yr oedd. Oblegid hynny ni hoffai straeon Richard Hughes-Williams, yr oedd gormod o farw ynddynt yn ei barn hi- ym marn y beirniaid hefyd ond am reswm gwahanol. Nid wyf yn meddwl ei bod hi yn malio dim am fy storïau innau ychwaith – ni chlywais mohoni yn dweud yr un gair amdanynt y naill ffordd na'r llall, na'r un arall o'm teulu. Yr oedd fel rhyw ddeddf anysgrifenedig i fod yn dawel ar y pwnc. Yr oedd hyn yn beth rhagorol o braf i mi, a chredaf mai'r un yw profiad llawer sy'n ysgrifennu, y gallant sôn am eu gwaith wrth bawb ond eu teulu.'

Y Lôn Wen

Yn amlwg doedd KR ddim yn trafod ei hysgrifennu gyda'r teulu. Dynes blaen iawn ei thafod, KR yn debyg iddi, ac yn gweld hyn yn rhinwedd yn hytrach na 'dal tafod'. Dyma i chi stori fach sy'n amlygu hyn.

Byddai Gwilym R Jones yn galw i weld Cartrin Roberts ar ei rawd yn hel newyddion i'r 'Herald Gymraeg'.

'Wrth gwrs y mae newyddion na fentrwch chi mo'u printio nhw tua Chaernarfon 'na.'

'Fel beth?'

'O mae yma ambell ferch wedi bod yn y llwyn cyn bod yn y llan, fel y byddan nhw'n deud, ond pe bai yna grocbren wrth bost y gwely fe fyddai hyn yn mynd ymlaen, 'y ngwas i!'

Y Faner Chw 1981

Pa feddyliau gâi KR yn y De, yn anhapus yn ei hysgol, hiraeth ymhell o gartref, ei rhieni yn heneiddio, Evan yn unig ar ôl adref yn cadw siop, gwaith tyddyn yn mynd yn fwy o laddfa? Yn *Tegwch y Bore* dyma Ann Owen yn dod adref, yn boenus am nad oedd ei mam yn dda ei hiechyd, ac yn sgwrsio o flaen y tân.

'Mi fasa'n dda gen i petai Bobi yn hogan.'

'I be, 'nen' dyn?'

'Er mwyn i mi gael help yn tŷ. Mae'r gwaith bron wedi mynd yn ormod i mi.'

'Fuoch chi efo'r doctor?'

'... mi alwodd yma.'

Beth ddwedodd o?

'Dweud bod gen i ormod o waith, a bod ogla llaeth a menyn wrth ben y corddwr yn beth drwg imi. Dim byd o'i le ar fy stumog i medda fo. Rydw i a dy dad wedi bod yn sôn am adael y lle yma a mynd i dŷ moel.'

'Ardderchog.'

'Ond does ddim tŷ gwag ar hyn o bryd heb brynu un, a dwn i ddim a oes un ar werth chwaith.'

'Liciwch chi i mi roi'r gorau i ngwaith am dipyn?'

Gwaredodd ei mam rhag y fath beth.

'Na, dim iws i ti ddifetha dy fywyd.'

Tegwch y Bore

Ond symud i dŷ moel Maesteg wnaeth Owen a Catrin Roberts. Mi fydda i wrth fy modd efo'r darn arallfydol yma, yn rhychwantu trigian mlynedd.

Curodd yn ysgafn ar ddrws y portico, a rhoi ei phen i mewn yn y gegin cyn ei gau. Ciliodd y boen o'i phen glin yn sydyn. Yr oedd y gegin fel petai caenen o niwl drosti, ei thad a'i mam fel cysgodion yn ei ganol. Yr oedd eu hwynebau o liw pwti llwyd-wyrdd, eu bochau yn bantiau ac yn bonciau, eu gên a'u trwynau crwbi bron yn cyrraedd ei gilydd. Edrychent fel cartwnau ohonynt eu hunain. Eto medrai eu hadnabod. Yr oedd y tân yn isel yn y grât.

'Dyma hi wedi dwad o'r diwedd,' ebe'r tad.

'Mae hi wedi bod yn hir iawn,' ebe'r fam, 'a finna wedi dweud wrthi am frysio.'

'Mi ddois cynta y medrwn i. 'Roedd yna hen grymffastiau o hogiau ar y ffordd.'

Ni chymerodd yr un o'r ddau sylw o hynny.

'Mae'r bwyd yn dy ddisgwyl di ers blynyddoedd,' meddai'r fam, 'mi fytwn ni rwan.'

Yr oedd yno gig oer, brechdan a the, ond nid oedd blas dim ar yr un ohonynt. Fesul tipyn cliriai'r niwl, ac fel y deuai'r gegin yn oleuach, deuai wynebau'r ddau yn fwy naturiol; codai'r pantiau. Daeth gwrid i fochau'r tad: aeth wyneb y fam yn llwyd naturiol. Daeth eu trwynau'n ôl i'w ffurf gynt. Aeth y tai o gwmpas y tŷ o'r golwg. Daeth y cae yn amlwg efo'r goeden a'r iâr a'r cywion. Daeth tân siriol i'r grât a goleuodd y gegin i gyd. Gwenai'r tad yn hapus; daeth tiriondeb glas i lygaid y fam.

'Gadwch i'r hen gig yna,' meddai hi, 'mae gen i deisen does.'

Tynnodd blatiad o'r popty bach, yn nofio mewn menyn.

Curodd y ferch ei dwylo.

'Fel ers talwm. Oes gynnoch chi siwgwr coch?'

'Dyna fo ar y bwrdd.'

'O, mae hi'n dda. Ydach chi'n cofio fy nghath bach i yn cerdded i'ch teisen does chi?'

'Ydw,' a chwarddodd y fam. 'Dim ond cofio sydd rwan.'

'Ia.'

Yr oedd ar fin sôn am yr hen hogiau hynny a'u hiaith fudr, ond yr oedd mor hapus fel y penderfynodd beidio â sôn rhag tarfu ar y sgwrs.

'Ydach chi'n cofio nhad, y moch yn dengid o'u cwt ganol nos ar wynt mawr gefn gaea', a chitha yn rhedeg ar eu holau hyd y weirglodd yn ych trôns?'

Chwarddodd y tri yn aflywodraethus.

Ydach chi'n cofio? Ydach chi'n cofio? A hithau ar fin gofyn Lle mae. . . ?
Lle mae . . . ? Lle mae'r lleill?
Ond i beth y tarfai ar yr hwyl yma?
'Lle mae'ch pibell chi nhad?'
'Dydw i ddim wedi cael smôc ers blynyddoedd.' Does gen i ddim baco.'
Yr oedd ganddi sigarennau yn ei bag, ond beth a ddywedai ei mam pe tynnai hwy allan? Cai dafod iawn. Ond yr oedd rhoi pleser i'w thad yn fwy pwysig na chael drwg am bechod cudd.
'Hwdiwch,' meddai, 'rhowch ddwy o'r rheina yn ych pibell.'
Gwenodd y fam.
'Mi gymera' innau un,' meddai, 'rydw i'n cofio fel y byddai fy modryb yn dwad acw ac yn smocio pibell.'
'Beth nesa?' meddai Annie wrth hi ei hun, mewn syndod agos i fraw; cymerodd hithau un.
A dyna lle'r oedd y tri yn smocio, mor hapus, mor hapus. Lle'r oedd y lleill? Lle'r oedd y lleill? Na, nid oedd am ofyn. Cyrliai mwg glas ysgafn i fyny i'r awyr. Aeth yr haul o'r golwg. Dechreuodd nosi. Dechreuodd eu hamrannau ddisgyn dros eu llygaid fel mewn cerflun. Aeth y tri i gysgu.

Dychwelyd, Gobaith

Tydi'r disgrifiad yn amlygu'r fath anwyldeb, a'r hamdden na chawsant pan oedd hi gartref ers talwm?

Cawn ddisgrifiad diddorol gan Lewis Jones-Pritchard, oedd â chysylltiad teuluol â theulu KR, a fu'n gymydog iddynt ac yn eu nabod fel cefn ei law.

'Dyn byr, cadarn o gorff oedd Owen Roberts, a hefyd yn gymeriad cryf, yn gywir ei fuchedd a gweithiwr caled a diarbed. Nid oedd yn ddyn cyhoeddus, ond roedd bob amser yn meindio ei fusnes ei hun, ac ni chlywais ef yn 'trin' neb. Yr oedd yn llawn synnwyr digrifwch cynnil, yn gymeriad annwyl a hoffus dros ben, ac yn gymydog a chymwynaswr gyda'r gorau, ond cymeriad tawel a distwr oedd. Ond os mai Kate Roberts yw ein 'Brenhines Llên', chwedl Gwilym R, ei mam yn ddios oedd brenhines yr aelwyd. Roedd yn wraig anghyffredin iawn, ni chwrddais erioed neb tebyg iddi; roedd yn amrywio yn ei thymherau fel tymhorau'r flwyddyn. Roedd yn hawdd cyfathrebu â hi gan ei bod yn gymeriad mor liwgar. Roedd ymhell o flaen ei hoes ac yn ymddiddori bron ymhob peth yn bell ac agos. Roedd ganddi feddwl chwim, clir, yn eich atgoffa o arian byw, ni byddai byth yn llonydd, yn feddyliol na chorfforol ac yr oedd yn gymdogol a chymwynasgar tu hwnt. Roedd yn barod ei sylwadaeth ar bron bob pwnc, a mynegai ei meddwl heb flewyn ar ei thafod, a gallai wneud hynny yn rhyfeddol heb ennyn gwg neb. Nid oedd yn or-grefyddol ac nid bob amser yr oedd ansoddeiriau ei sylwadaeth yn gydnaws â iaith y seiat. Roedd yn gymeriad unigryw a'i sylwadau bachog yn ddiarhebol. Yn sicr mae Kate Roberts wedi rhoddi ffrwyn ar wâr dychymyg ei mam mewn llawer o'i gweithiau llenyddol.

Hoffwn nodi un neu ddau o'i sylwadau bachog . . . Tua diwedd y daith, gelwais i'w gweld tua amser cinio ryw ddydd Sul, a roedd yn ei gwely, a dyma ei chyfarchiad, 'Roeddwn yn sâl ddiawledig, rhwng dau a thri y bora a phe buasai gennyf bensal yn hwylus, buaswn wedi sgwennu ar ffrâm y ffenast pryd y bum farw.'

Lleu

Bore ddydd Mawrth bu farw Mrs Catrin Roberts, Maes Teg, Rhosgadfan, a hi wedi pasio naw a phedwar ugain mlwydd oed. Gwraig anghyffredin oedd hi. Casai ryfel, a chollodd ei phlentyn ieuengaf yn y rhyfel diwethaf. Er ei bod yn darllen yn fanwl hanes pob mudiad yng Nghymru ni fynychai gyfarfodydd. Ni bu erioed mewn drama, ond darllenodd ddramau Cymraeg bron hyd at ei blwyddyn olaf. Yr oedd yn ddarllenydd di-baid, a meddai farn gref ac annibynnol. Ond efallai mai fel cymdoges hael a charedig y'i cofir yn bennaf gan ei chydnabod. Cymraes uniaith ydoedd. Ddwy flynedd yn ôl syrthiodd a thorri ei chlun, ond hybodd ddigon i fedru symud o gwmpas wedi hynny. Cafodd gystudd caled iawn ers rhai misoedd bellach, ac fe'i dioddefodd yn gwbl ddirwgnach. Gadawodd dri mab, John, Richard ac Evan, ac un ferch, Kate Roberts, y nofelydd.

Yr Herald Cymraeg

'Yr wyf yn hollol ymwybodol o wendidau fy nheulu, nid yw cariad yn ddall bob amser, ond yr oedd y rhinweddau mor fawr fel y byddai'n grintachlyd sôn am y gwendidau. Gall rhai ohonoch dybio fy mod wedi gorliwio'r rhinweddau. Fel arall yn hollol, teneuo'r lliw a wneuthum yn lle ei blastro'n dew. Pe buasai fy rhieni wedi eu geni â llwy arian yn eu geneuau, buaswn yn sôn am eu gwendidau hefyd, ond fe syrthiodd eu llinynnau ar dir llwm, ni bu ffawd yn garedig wrthynt, cawsant ddioddef mawr, eithr, a dyma'r peth mawr, ni ildiasant. Ymdrechasant ymdrech deg, yn onest, yn gywir, yn garedig wrth gymdogion, heb galedu eu

CATRIN ROBERTS

TACHWEDD 14, 1854 — CHWEFROR 1, 1944

Cyfieithiad y Parchedig Lewis Valentine o'r bennod
olaf o Lyfr y Diarhebion, a ddarllenwyd ganddo ar
lan ei bedd, ym Mynwent Rhosgadfan,
Chwefror 4, 1944

Pwy a fedr gael gwraig rinweddol? Y mae hi'n werth-
fawrocach na'r cwrel. Calon ei gŵr a ymddiried ynddi,
a lles mawr a fydd hi iddo. . . Elw nid colled fydd hi
iddo holl ddyddiau ei bywyd. Y mae hi'n debyg i
longau marsiandwyr sy'n cludo ymborth o bell. Cyfyd
ymhell cyn y wawr er mwyn bwydo ei theulu . . .
gwêl fod diwydrwydd yn talu iddi. . . Ni ddiffydd y
canhwyllau yn ei thŷ trwy gydol y nos. Nid oes arni
hi ofn caledwaith . . . nid yw ei breichiau byth yn
segur. Hael iawn yw hi wrth dlawd, a da yw yr
anghenus wrthi. . . Diogel iawn yw ei safle hi—y mae
hyder yn ei chwerthin gan ei bod yn gweld ymhell. Y
mae synnwyr yn ei siarad, a diogelwch yn ei chyngor.
Hi a graffa ar ffordd ei thylwyth o fyw—ni fwyty hi
fara seguryd. Canmol ei phlant hi beunydd, ni flinant
ar roddi geirda iddi. "Cyflawnodd," meddent, "lawer
gwraig bethau gwych iawn, ond ni fu neb tebyg i ti."
Twyllodrus yw ffafr—diflannu mae tegwch—cedwch
eich teyrnged i ferch o gymeriad. Rhowch iddi'r clod
a haedda ei gweithredoedd, a chanmolwch hi ar goedd
am ei gwasanaeth."

calonnau, eithr ennill hynawsedd wrth fyned ymlaen mewn dyddiau, a
gorchfygu. A fyddai'n weddus sôn am wendidau mewn rhai a frwydrodd
mor galed?

Ni welsom erioed gyfoeth, ond cawsom gyfoeth na all neb ei ddwyn
oddi arnom, cyfoeth iaith a diwylliant. Ar yr aelwyd gartref y cawsom ef,
a'r aelwyd honno yn rhan o'r gymdeithas a ddisgrifiais.'

Y Lôn Wen

Plant Owen a Catrin – Hanner brodyr a chwiorydd o briodasau cyntaf Owen a Catrin ac wedyn Kate a'i thri brawd.

Mary – 1871 - 1958. Priododd Moses Evans o'r Groeslon a laddwyd yn 1912 mewn damwain yn y chwarel, dri diwrnod cyn y Nadolig, yn 39 oed. Bu Mary fyw yng Nghaernarfon, yn weddw am 46 mlynedd. Roedd ganddynt dri o blant; Griffith Moses, Minawel, Rhosgadfan, dyn cyhoeddus uchel ei barch, yn weithgar ym mywyd crefyddol a diwylliannol y pentref; Jennie Matilda Evans a Laura Edwina Brackley.

Jane – 1875 – ? Bu Jane Robinson yn cadw siop pethau da dan y Cloc Mawr yng Nghaernarfon am flynyddoedd, bu Megan Williams yn gweithio iddi pan yn eneth ifanc. Priododd George Robinson, roedd un mab ganddynt, David Albert.

Owen Owen – 1878 – 1931 'Now Glynaber'. Priododd Margaret, merch William a Margaret Hughes Glyn Afon yn 1901. Roeddent yn byw yn Nglynaber yn weddol agos i'w rieni ym Maesteg. Chwarelwr ydoedd. Bu'n filwr yn y Rhyfel Mawr. Ganed iddynt dair o ferched, ac amryw o fabanod marw-anedig. Jane a briododd Lewis Jones Pritchard y Gaerddu, Maggie a briododd un o Fôn, a Lizzie.

Collodd Owen ei wraig, oedd wedi dioddef o gancr ers dwy flynedd, yn 53 oed. Bu allan o waith dros y cyfnod yma yn gofalu amdani, ac aeth amgylchiadau yn drech nag o, bu 'farw mewn ffordd drychinebus,' crogodd ei hun ychydig fisoedd wedyn yn 52 oed. Magodd Sian (Jane) yr hynaf, y ferch fenga Lizzie wedi'r trychineb. Roedd stigma yn perthyn i hunanladdiad, fel y gwn gan i un o'm teidiau foddi ei hun ac ni chlywais air am hyn gan fy rhieni na neb arall o'r teulu. Yn gymharol ddiweddar wedi i fy mrawd Ieuan ddechrau hel achau y daeth petha fel'ma i'r amlwg.

'Ni allaf ddweud dim wrthych, ond yn unig ein bod yma yn meddwl llawer amdanoch. Yr unig ddull i chwi geisio cysuro eich tad yw dangos iddo mai iseldra ysbryd yw'r mwyaf poenus o bob afiechyd, a bod ei fab ef felly wedi dioddef hyd y gallai dyn ddioddef, fel na ddylai neb feddwl am ei farw ond fel gollyngdod, megis y mae marw ar ôl unrhyw afiechyd enbyd iawn.'

Saunders Lewis

Aeth Lizzie i nyrsio i Fanceinion a phriododd Alfred Rigby gan fyw yn Swinton, ar gyrion Manceinion. Ymwelodd ei mab Eric a'i wraig Eileen â ni yn ystod haf 2008, yn ddi-Gymraeg, ond yn ymwybodol iawn o'i wreiddiau. Roedd wedi dod â'i fam i weld yr ardal ddwy-waith-dair dros y blynyddoedd, a gweld Cae'r Gors yn furddun. Bu farw ei fam y llynedd a dywedodd fel y buasai wedi gwirioni gweld y lle heddiw. Cawsom luniau o'r teulu ganddo. Mae creu cyswllt ag aelodau o'r teulu fel hyn yn rhoi gwefr.

John Evan – 1884-1959. Dechreuodd weithio yn un o'r chwareli lleol ond symudodd i weithio yn y diwydiant cotwm yn Lerpwl ac yn Bootle y bu dros y rhan fwyaf o'i oes wedyn. Priododd Margaret Owen (1885 – 1984) o Fethesda, oedd wedi dod i weini i'r ardal. Ganwyd pump o blant iddynt, Harry fu farw yn 8 oed o *scarlet fever* a *rheumatic fever*, Eirian, Myfanwy fu farw yn flwydd oed, Ifan fu farw yn naw mis oed, a Margaret (Peggy).

Adeg y bomio ar borthladd Lerpwl gwnaed difrod i'w cartref ac fe fomiwyd y warws gotwm, a daeth John a Margaret a Peggy i fyw at Catrin Roberts ym Maesteg o 1941-45. Athrawes oedd Eirian ac aeth hi gyda Faciwis i gefn gwlad Brycheiniog, yn ardal Beulah.

'Bu'n rhaid i mi redeg i Rosgadfan yn bur aml er mis Ionawr (1941) Cymerwyd mam yn wael gan ddolur cefn, ac ni bu fawr o drefn arni byth. Fe gafodd wared â'r boen ond nid oes lawer o hwyl arni ac ni ellir ei gadael ei hunan. Erbyn hyn mae fy mrawd o Lerpwl a'i deulu yn byw efo hi – y fô wedi colli ei waith oherwydd bomio ei warws (gotwm) ac ofn arnynt y gallai gwaeth ddigwydd iddynt hwy eu hunain . . . Mae'n chwith iawn i mam fynd i fethu gwneud dim, a thrwy hynny golli ei hannibyniaeth.'

AKAS

Dychwelyd i Bootle wnaethont ar ddiwedd y rhyfel. Athrawes oedd Peggy hefyd, cyn iddi briodi â John Bryn Jones ac mae eu merch Eleanor a'i gŵr yn parhau i fyw yng nghyffiniau Lerpwl. Bu farw Peggy yn 1993 yn 66 oed. Bu farw Eirian, oedd yn ddi-briod, yn 2008 yn 88 oed, wedi bod yn amlwg ym mywyd Cymreig Lerpwl drwy gydol ei hoes.

Kate 1891 – 1985. Priododd Morris Willliams, dim plant

Richard Cadwaladr – 1893 - 1953 priododd Lizzie Grace (1894 – 1985) cawsant bedwar o blant – Catrin, Megan, Goronwy a Gwerful. Wedi marwolaeth Catrin Roberts yn 1944 prynodd Richard a'i wraig Maesteg a symudasant yno wedi i John a Maggie fynd yn ôl i Bootle. Chwarelwr ydoedd, tra bu ei iechyd yn caniatau. Bu'n dioddef o'r diciâu a threuliodd ei fab Goronwy yntau gyfnod yn ysbyty Llangwyfan yn 1947.

Catrin – P. Idris Williams, Tregarth – plant Geraint a Nêst
Megan - p. Emlyn Williams, Caernarfon – plant Olwen, Enid a Gwyn
Goronwy – p. Elisabeth Lloyd, Caernarfon – plant Nia (Awstralia) a Dylan
Gwerful – p. Elwyn Williams, Bangor – plant Elfed ac Eleri

Cawn syniad o gyfraniad Richard i'w gymdeithas yn yr adroddiad papur newydd yma.

Ar y dydd cyntaf o Fai bu farw Mr Richard C Roberts, Maesteg, Rhosgadfan, brawd i'r Dr Kate Roberts. Buasai'n nychu ers amser maith ac ni ellid peidio â rhyfeddu at ei sirioldeb yn ei gystudd caled. Yn ei farw collodd ardal Rhosgadfan gefn da, gŵr a wnaeth ei orau dros ei gymdogion, yn arbennig fel ysgrifennydd y mudiad i godi arian at gael neuadd addas i'r fro. Ni roes y gorau i'r ysgrifenyddiaeth nes codi pob dimai i dalu am yr adeilad. Ysgrifennodd holl hanes codi'r neuadd yn fanwl gywir a chafodd wobr am y ddogfen gan Gymdeithas Addysg y Gweithwyr; yn anffodus, ni allod dderbyn y wobr – myned i Ddenmarc – am fod gwaeledd yn y teulu. Gweithiodd yn galed dros y Clwb Cinio Difiau ar gyfer y rhai heb waith yn y gymdogaeth yn ystod blynyddoedd y dirwasgiad. Bu'n aelod o Gyngor Gwledig Gwyrfai am flynyddoedd. Ni bu weithiwr cymdeithasol tebyg iddo ac yr oedd yn un o gedyrn cenedlaetholdeb yn Arfon. Yr oedd Richard Roberts yn enghraifft loyw o'r chwarelwr diwylliedig; gwyddai faint oedd hi o'r gloch yn y byd a'r Betws ac yr oedd ei ddiddordebau yn ddigon eang iddo ymhyfrydu mewn band prês yn ogystal â chanu corawl, mewn clwb pêl-droed yn ogystal ag mewn dosbarth nos.

Yr Herald Gymraeg

Dug Windsor a wahoddwyd i agor y neuadd yn swyddogol yn 1934, ac yn rhinwedd ei swydd roedd Richard yn rhan o'r achlysur. Fodd bynnag bu gwraig yn dosbarthu pamffledi yn gwrthwynebu bod cynrychiolydd yr Imperialaeth fu'n gyfrifol am anfon hogia ifanc i gael eu lladd yn y Rhyfel Mawr yn cael ei wahodd i Rosgadfan. Bu'r CID o gwmpas yn holi pwy oedd hi, rhag ofn bod peryg i ddiogelwch y Dug. A phwy oedd hi ond chwaer yr Ysgrifennydd, Kate!

Arwydd trist o ddiffyg parch yr oes sydd ohoni oedd llosgi'r neuadd yn ulw gan fandaliaid lleol yn 2004. Cafodd Richard gynnig mynd i Goleg Harlech, ond ni fedrodd fynd.

I'r rhai cul eu meddyliau sy'n gofyn, 'Beth wnaeth KR i Rosgadfan?' gellir ateb bod aelodau'r teulu a arhosodd yn yr ardal wedi cyfrannu'n helaeth iawn, yn enwedig Richard a Griffith Moses, mab Mary.

Evan – 1895 – 1951 priododd Elena (Lena) yn 1926, ni chawsant blant. Gweithiodd yn Lerpwl yn 1914, ymunodd â'r King's Liverpool Rifle a chael ei glwyfo yn mrwydr y Somme yn 1916. Bu'n dioddef yn achlysurol weddill ei fywyd. Cadwai siop o dan Cae'r Gors, cwt sinc ar ochr y ffordd, ac yn byw efo'i rieni ym Maesteg cyn iddo briodi. Symudodd i fod yn bostfeistr Y Groeslon a Llanberis wedyn. Bu farw'n sydyn o glefyd y galon. Roedd yntau'n ddyn uchel ei barch.

On Sunday morning a deep feeling of sorrow and grief spread among the villagers of Llanberis through the sudden and unexpected death of Mr Evan Owen Roberts, the village postmaster. Up to the previous evening Mr Roberts had followed his duties in his usual quiet and efficient manner. By his death the village as a whole has lost not only a faithful and trust worthy servant but a sincere and true friend, who was always ready with his advice, and always willing to extend his personal assistance to any individual, and always happy to share in the humour and wit of village occurrences. His service to the pensioners of this village was outstanding. Nothing was too much trouble for him to do for them, and when advice was sought it was always to him that they turned. His friendship and quiet and unassuming manner had endeared him to all who came into contact with him. Llanberis has lost one of its most popular and kind-hearted inhabitants, and whose innumerable deeds will never be forgotten.

Caernarvon & Denbigh Herald

Teulu Kate Roberts

Tyddyn Drain, Llanaelhaearn

Pengroeslon,
Rhos Isaf

Teulu Pantcelyn

Pantcelyn

John Evan Roberts

Grugan Ganol, Y Groeslon

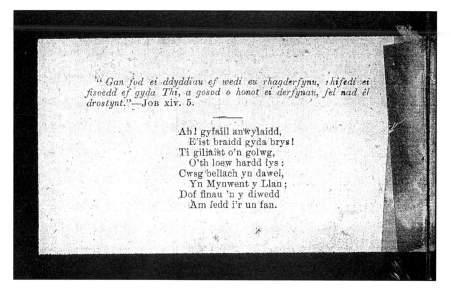

"Gan fod ei ddyddiau ef wedi eu rhagderfynu, rhifedi ei fisoedd ef gyda Thi, a gosod o honot ei derfynau, fel nad êl drostynt."—JOB xiv. 5.

Ah! gyfaill anwylaidd,
E'ist braidd gyda brys!
Ti giliaist o'n golwg,
O'th loew hardd lys :
Cwsg bellach yn dawel,
Yn Mynwent y Llan ;
Dof finau 'n y diwedd
Am fedd i'r un fan.

Cerdyn Coffa John Evan

Owen Roberts

Catrin Roberts

Ty'n Llannor,
Rhosfawr

Plas Mawr,
Y Groeslon

Cefn Eithin,
Bethesda Bach

Bryn Ffynnon

Dyffryn Twrog, Y Fron

Bryn Gwyrfai

Maesteg

Jennie Evans, Megan Williams, Mary Evans

Jane Robinson, Bessie R., Jennie a Laura Evans

Teulu John – Margaret (Peggy), John, Eirian, Margaret, 1957

Bedd Lewis ac Anne Jones

Owen Owen Roberts 1914

Teulu Owen – Owen, Margiad, Jane, Maggie, Lizzie

Richard ac Evan

4 cenhedlaeth – Catrin Roberts, Richard, Megan, Olwen

Teulu Richard – Gwerfyl, Goronwy,
Megan, Catrin, Lisi Grace

Catrin, Eirian, Elin, Peggy

Richard a Lisi Grace

Evan o flaen ei siop

Evan a Lena

Evan a'i dad

Evan 1914

Cario gwair – Cae'r Gors tua 1919. Kate efo'r gribin

Dei a'i dad

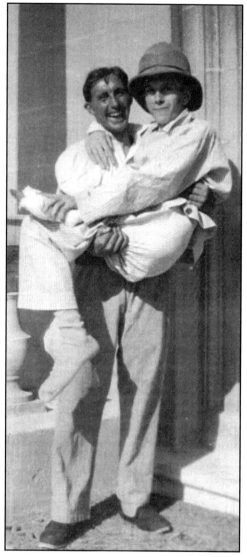

Dei yn Malta

Dei 1914

Margaret Bryn Jones, Eirian Roberts, Lena Roberts,
Catrin Williams, Margaret Roberts, Kate Roberts

Bywyd Kate Roberts

Ysgol y Genethod, Aberdâr

8 Lôn Isa, Rhiwbeina

Y Cilgwyn, Dinbych

Gwasg Gee

Y Capel Mawr

Ysgol Twm o'r Nant

61

Morris Williams

Bedd Morris a Kate

*Kate Roberts ac
Elin Bryn Jones*

Kate Roberts a D.J. Williams

Kate Roberts, John Gwilym Jones a Catrin

Kate Roberts wrth fedd Dei

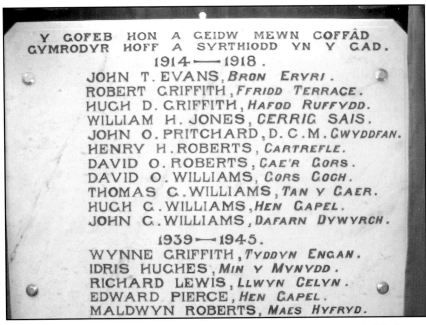

Y GOFEB HON A GEIDW MEWN COFFÂD
GYMRODYR HOFF A SYRTHIODD YN Y GAD.
1914 — 1918.
JOHN T. EVANS, *Bron Eryri*.
ROBERT GRIFFITH, *Ffridd Terrace*.
HUGH D. GRIFFITH, *Hafod Ruffydd*.
WILLIAM H. JONES, *Cerrig Sais*.
JOHN O. PRITCHARD, D.C.M. *Gwyddfan*.
HENRY H. ROBERTS, *Cartrefle*.
DAVID O. ROBERTS, *Cae'r Gors*.
DAVID O. WILLIAMS, *Cors Goch*.
THOMAS G. WILLIAMS, *Tan y Gaer*.
HUGH G. WILLIAMS, *Hen Gapel*.
JOHN G. WILLIAMS, *Dafarn Dywyrch*.

1939 — 1945.
WYNNE GRIFFITH, *Tyddyn Engan*.
IDRIS HUGHES, *Min y Mynydd*.
RICHARD LEWIS, *Llwyn Celyn*.
EDWARD PIERCE, *Hen Gapel*.
MALDWYN ROBERTS, *Maes Hyfryd*.

Carreg Goffa yng Nghlwb Mountain Rangers sy'n cynnwys enw Dei Roberts

Agor Theatr Twm o'r Nant

Portread hardd o Kate Roberts ym mlodau ei dyddiau

Yn 90 oed gyda Gwyn Erfyl

Creu Canolfan Dreftadaeth yng Nghae'r Gors

Cae'r Gors heddiw

Cae'r Gors – 1964

Cyflwyno Cae'r Gors 1971

Y Bwrdd Rheoli a'r teulu ar adeg dechrau adeiladu, Ionawr 2006

Alun Ffred AC yn torri'r dywarchen gyntaf

Cynllun noddi bricsen – Mari Lovgreen a phlant Felin Wnda

Y gwaith adfer yn dechrau, Ionawr 2006

Y gwaith wedi'i orffen

John Ogwen a Maureen Rhys – Agoriad 2006

Agoriad lleol - Mawrth 2007

Geraint Williams a Megan Williams

Gwyneth Glyn yn y Cyngerdd Agoriadol

Gweithdy Addurniadau Nadolig Oes Ffictoria Bob Morris

Gweithdy Diwrnod Golchi – Gwenllian Williams ac Ysgol Cwm-y-glo

Te yn y Grug – Sarah Angharad Roberts, Gwenllian Elias ac Elain Huws

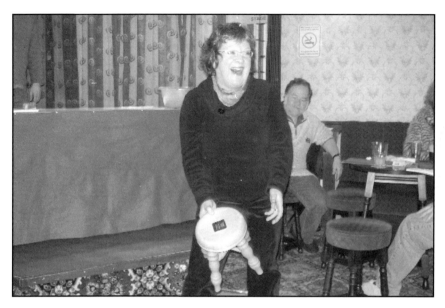

Mari Gwilym yn ennill stôl Stomp Cae'r Gors yn 2008

Taith Cynefinoedd – Moel Smytho

Roedd statws yn perthyn i swydd postfeistr bryd hynny.

'Fe'i clwyfwyd yn Ffrainc yn 1916. Aeth shrapnel poeth i mewn i'w ochr ac mae wedi llochesu yn rhy agos i'w galon i fyned ar ei ôl. Mae wedi cael hyrddiau byth oddi ar hynny, ac mae'n cael rhyw bensiwn bychan. Weithiau fe'i ceid yn anymwybodol yn y siop, ond ai'r pwl heibio ac fe ddeuai yn well drachefn.'

AKAS

'Bachgen caredig a siriol, cydwybodol, rhy gydwybodol, achos mae'n sicr ei fod yn gweithio yn rhy galed. Bu'n gefn mawr i mi er pan gollais Morus, yn fy ngalw'n aml ar y teleffôn ac yn fy helpu ym mhob dull. Yn fy awr gyfyngaf yn 1946 rhoes fenthyg £350 imi yn siriol a diffwdan . . .

Mae'n chwith iawn gennyf ar ôl Evan, buom yn ffrindiau tynn efo'n gilydd ar hyd oes fel teulu, ac mae'r gwynt yn feinach, pan mae canghennau'r coed yn disgyn o un i un. Nid oedd ganddo blant, ac mae hi'n bur ddigalon ar Lena, ei weddw druan, sydd yn hollol ddigefn. Nid oes ganddi neb ond y fi i'w chysuro.

Annwyl DJ

David (Dei) – 1898 -1917 di-briod. Gweithiodd yn y chwarel. Ymunodd â'r King's Liverpool Regiment a bu'n brwydro yn y Rhyfel Mawr. Fe'i clwyfwyd yn Salonica a bu raid torri ei goes i ffwrdd. Daeth dros y driniaeth ac fe'i symudwyd i ysbyty yn Malta i wella ar ei ffordd adref, ond fe fu fawr yno o *dysentry* yn 19 m oed. 'Mwyaf garw marw ymhell'. Y fenga o'r plant a'r cyntaf i'w golli, profiad adawodd ei graith ar KR weddill ei hoes.

Cyfeirid ato fel 'Dei bach' gan y teulu, y fenga o'r plant a'r hiraeth amdano yn gyson ar yr aelwyd. Gydag arian gwerthiant *Y Lôn Wen* y teithiodd KR i Malta i weld ei fedd, bron hanner can mlynedd yn ddiweddarach. Ni allai fforddio mynd cyn hynny.

Yn ystod y Rhyfel Mawr roedd Kate ymhell o gartre yn Ystalyfera, 'mewn uffern o ysgol', pedwar brawd yn y fyddin, ei thad oddi cartre yn Lerpwl efo teulu John gan nad oedd gwaith yn y chwareli, a'i mam yn cadw'r tyddyn ar ei phen ei hunan: '. . . teimlwn y medrwn ysgrifennu cyfrolau o lenyddiaeth. Ac mae arnaf ofn y buasai yn llenyddiaeth greulon, chwerw.'

Bu Owen, John, Evan a Dei yn y Rhyfel. Yr unig un na fu oedd Richard, a chyflwr bregus ei iechyd yn gyfrifol am hynny. Ar y garreg

- ADRODDIAD -

Eglwys a Chynulleidfa

Y Methodistiaid Calfinaidd

— YN —

RHOSGADFAN,

ARFON.

AM Y FLWYDDYN 1931.

Enw a Phreswylfod.	Y Weini-dogaeth	Casgliad Chwar-terol	Dyled a Goleuni	Yr Eistedd-leoedd.	Cyfanswm
	£ s. c.	£ s. c.	£ s. c.	£ s. c.	£ s. c.
†Roberts, Owen, Glynaber	0 10 6		0 2 11		
†Roberts, Margaret „	0 5 0				
Roberts, Lizzie „	0 2 6				1 0 11
Roberts, Evan, Glyncadfan	0 10 0		0 2 6	0 4 0	0 16 6
Roberts, Richard C., Glynafon	0 1 0			0 8 0	
Roberts, Lizzie J. „	0 1 0				
*Roberts, Catherine M. „	0 1 3				
Roberts, Megan „	0 0 2				
Roberts, Goronwy „	0 0 2				0 11 7
Roberts, Owen, Maesteg	0 10 0		0 2 6	0 6 0	
Roberts, Catherine „	0 4 6				1 3 0
Roberts, Evan O., Llys Owain	1 3 6		0 3 0	0 4 0	
Roberts, Lena, Llys Owain	0 14 6		0 3 0		2 8 0
Roberts, Morris, Brynffynon					
Roberts, Lizzie „					
Roberts, Katie „					
Roberts, Jennie E. „					
Roberts, Lizzie B. „					
Roberts, Glenys „					
Roberts, Robert G., Gwynfryn	0 18 0		0 5 0	0 8 0	

goffa mae unarddeg o enwau bechgyn Moeltryfan a gollodd eu bywydau yng nghyflafan 1914-18.

Marw fy mrawd ieuengaf yn rhyfel 1914-18, methu deall pethau a gorfod sgrifennu rhag mygu. (yn wleidyddol, gyrrodd fi i'r Blaid Genedlaethol). Yr wyf yn ddynes groendenau ofnadwy, mae popeth yn fy mrifo'n ddwfn a'r briw yn aros am hir. Mae bywyd ei hun yn fy mrifo. Mae Angau yn tynnu'r cen oddi ar lygaid rhywun, yn rhoi sgytiad i ddyn a rhoi, megis mewn golau mellten, olwg newydd ar gymeriad, neu ar gymdeithas, neu'n wir, ar fywyd i gyd.

'Atgof am Ddei'

Fe siglais lawer ar dy grud
Pan oeddit faban egwan,
Rhyw lawer mwy nid oeddwn i
Nag oeddit ti dy hunan.

Ac atgof ddaw â thi yn ôl
Yn llencyn bach penfelyn
A chwerthin lond dy lygad glas,
Fel Natur yn y Gwanwyn.

Dringasom lawer gwrych a pherth
I chwilio am nythod adar.
Adwaenit ti ddrws tŷ bob un,
Adwaenit ti eu trydar.

Adwaenit ti bob rhos a ffridd
Lle tyfai'r llwyni mwyar,
A gwyddit lle'r ymguddiai'r llus
Ar dwyni Pen-y-Dalar.

A chofiaf di yn mynd i ffwrdd
Wrth gri dy wlad a'th frenin,
A gwn na welwyd glanach llanc
Erioed mewn unrhyw fyddin.

Daw'r adar eto'n ôl i'r llwyn
A mwyar ar y perthi
A phlant i gasglu cnau a llus
Ond ti yn ôl ni ddeui.

Mae'n debyg bod cael un athrylith mewn teulu yn ddigon, ond dangosodd eraill hefyd eu bod yn bobl ddawnus, alluog yn eu ffyrdd eu hunain. Kate oedd yr unig un i fanteisio ar addysg uwch. Y chwarel oedd unig goleg yr hogia. Agorodd addysg ddrws i KR, i ehangu ei gorwelion yn gorfforol a meddyliol, ond drws unffordd ydoedd, na allai fynd yn ôl drwyddo i fyd Moeltryfan, edrych arno o'r tu allan fu ei hanes wedyn.

'Fe'm magwyd ar aelwyd wreiddiol. Ni byddai arnom ofn beirniadu a rhoi llinyn mesur ar gymeriadau, yn enwedig fy mam. Bûm yn synnu ganwaith at ei greddf o adnabod cymeriad, a naw gwaith o bob deg dangosai amser y byddai'n iawn. Cofier, ar yr aelwyd ac nid ar y ffordd y byddai'r gyllell yn gwneud ei gwaith, rhyngom ni a'n gilydd y pesid barn. Ond mae'n rhaid cael peth felly i sgrifennu storïau. Ni cheir fyth storïwr wrth gau llygaid dduwiol ar wendidau pobl.'

'Ond yn bennaf dim, cofiaf am y teulu hapus cyn ei chwalu, y llinynnau tynn a'n cadwai wrth ein gilydd er gwaethaf pob helynt, ac er edrych arno o bell heddiw, o bellter ffordd ac o bellter amser, yno yr wyf o hyd a'm gwreiddiau yn ddwfn iawn yn ei ddaear.'

Tyddynwyr Cymru, Y Faner Chw. 1949

Cymdeithas a Diwylliant

Y gymdeithas

Mewn sut fyd y magwyd teulu Cae'r Gors? Datblygodd cymdeithas a diwylliant arbennig yn ardaloedd y chwareli llechi, ystrydeb mi wn, ond y gwir plaen. Cyfrannodd nifer o elfennau i'r hynodrwydd hyn; y ffaith bod y boblogaeth wedi cynyddu yn gyflym wrth i bobl symud i'r ardal o gylch eang; bod llawer o ddynion yn gweithio'n agos i'w gilydd yn y chwareli; bod y tyddynwyr-chwarelwyr yn dibynnu ar ei gilydd am gymwynasau ar adegau prysur; bod y pentrefi wedi codi fel madarch; hyn oll yn esgor ar gymdeithas glos, gymdogol, uniaith Gymraeg. Gellir nodi nifer o nodweddion ynddi.

Roedd yn gymdeithas sefydlog yn gorfforol, gan nad oedd fawr o angen teithio, a chan fod digon o waith yn yr ardal nid oedd rheswm dros symud allan. Er hyn gallai amrywiadau yn y farchnad lechi a dirwasgiad economaidd achosi allfudo. Yn gyffredinol felly arhosai teuluoedd yn yr un ardal am genedlaethau. Mae'n wir bod rhai unai'n anfodlon eu byd neu ag ysbryd mentro ynddynt ac aethant i Lerpwl, de Cymru neu hyd yn oed ardal chwareli llechi Granville yng Ngogledd America i geisio gwella'u stad.

Roedd yn gymdeithas hunan-gynhaliol i raddau helaeth. Byddai ystod eang o wasanaethau yn y pentrefi llai, a roedd Penygroes yn ganolfan siopa i Ddyffryn Nantlle, a Bontnewydd a Chaernarfon o fewn cyrraedd ardal Moeltryfan. A nad anghofier cynnyrch y tyddynnod, nid yn unig i deuluoedd y tyddynnod ond beth werthid i bobl y pentrefi. Hyd yn oed mor ddiweddar â phumdegau'r ganrif ddwytha, o dyddynnod lleol y caem ein llefrith, menyn a wyau, a ninnau'n byw yn un o dai Cyngor Carmel. Daeth cwmnïau bysus lleol yn wasanaeth pwysig. Byddai groser, cigydd, becws, llythyrdy, *ironmonger* ym mhob pentref o'r bron a theithiai ambell fecar a chigydd o gwmpas y tyddynnod.

Cymdeithas grefyddol, yn yr ystyr bod gan Anghydffurfiaeth afael cadarn ydoedd, yn enwedig yng nghyfnod twf y pentrefi dros ail hanner y bedwaredd ganrif ar bymtheg. Codwyd y capeli niferus dros gyfnod byr, gyda nifer o bentrefi'n mabwysiadu enw'r capel cryfaf, Cesarea, Carmel, Nebo, Nasareth. Cadarnheir y gosodiad gan y nifer o gapeli o bob enwad, Methodistiaid, Bedyddwyr, Annibynwyr, a'r gwahanol is-enwadau o'u mewn, a'r capeli yma ynghlwm wrth fywyd cymdeithasol y pentrefi yn ogystal. Parheid i fynychu eglwysi'r plwyfi ac fe godwyd ambell eglwys newydd (Talysarn, Rhostryfan, a'r Groeslon, yn nes at drwch y boblogaeth erbyn hynny), ond i'r capeli yr âi'r rhan fwyaf, os nad yn selog, yn achlysurol fan leiaf. Mynychu'r moddion oedd yr arferiad disgwyliedig os oeddech am ennyn parch cymdeithas. Cynhelid gwasanaethau deirgwaith y Sul, pregeth fore a nos ac Ysgol Sul y prynhawn, ac efallai Ddosbarth Sol-ffa neu Ysgol Gân yn y canol. Mynychid y Seiat ar noson waith, ac âi'r plant i'r Band of Hope. Dylid nodi bod gwahaniaeth rhwng gwir gred grefyddol a chydymffurfio ag ymddygiad cymdeithasol derbyniol y cyfnod.

Roedd yn gymdeithas ddiwydiannol brysur. Gan mai cymdeithas ifanc oedd ar y dechrau pan ddaeth y mewnfudo mawr, byddai'n naturiol yn gymdeithas fywiog, ac yn datblygu'n gyflym. Ysgrifenwyd yn helaeth am galedi a thlodi ym mywydau teuluoedd y chwarelwyr, ac o gymhariaeth â safonau heddiw mae hynny'n wir, ond yng ngoleuni'r amodau byw arferol tua diwedd y ddeunawfed a dechrau'r bedwaredd ganrif ar bymtheg dengys cymariaethau gyda gweithwyr eraill bod y chwarelwyr yn well allan na'r rhan fwyaf. Roedd y cyflogau a chyflwr y tai'n cymharu'n ffafriol â rhai gweithwyr amaethyddol er enghraifft. Oriau gwaith hir oedd yr arferiad mewn diwydiant ac amaeth, a llafur plant yn beth cyffredin. Byddai raid i'r chwarelwyr a gadwai ddyddyn fod yn hynod weithgar, ond cofier mai'r wraig a'r plant fyddai'n gyfrifol am y rhan fwyaf o'r tasgau beunyddiol. Cynigiai'r tyddyn ychwanegiad pwysig i'w heconomi. Seisnigo a ddigwyddodd o ganlyniad i ddatblygiadau'r Chwyldro Diwydiannol yng nghymoedd y De ac yng ngogledd ddwyrain Cymru. Er bod llawer o berchnogion a rheolwyr y chwareli yn Saeson, Cymraeg oedd iaith y chwarel, iaith enwau celfi a'r dulliau gweithio a iaith y caban. Ychydig iawn o fewnfudo o Loegr a fu. Yn sicr cymdeithas uniaith Gymraeg a ddatblygodd yn ardaloedd y chwareli llechi.

Cymdeithas gymwynasgar, gyd-weithredol a geid. Roedd yr agwedd yma'n greiddiol, byddai pob copa walltog angen help llaw o bryd i'w gilydd, ar adegau prysur fel cario gwair a chneifio, neu adeg gwaeledd neu farwolaeth. Cynorthwyai cymdogion ar y tyddynnod, yn wir byddent yn barod i golli hanner diwrnod o gyflog er mwyn helpu i gario'r gwair. Byddai cymorth ariannol ar adegau o waeledd neu yn dilyn damweiniau yn y chwarel neu ar farwolaeth y pen-teulu. Roedd ymweld â chartrefi cymdogion gyda'r nos yn gyffredin, a byddai hen chwedleua. 'Ni cheir cymwynasgarwch heb fod angen amdano.' Gosodiad braidd yn sinicaidd gan KR? Mi fedr rhywun fyw yn ynysig heddiw, heb ddibynnu ar neb dan haul. Ydi'n bywyd ni yn gyfoethocach o'r herwydd?

'Yr oedd niwl yn ymdorchi am y tŷ a thrwyddo gwelai ddynes yn dyfod trwy'r llidiart, basged ar ei braich a phiser yn ei llaw.

'Dydach chi ddim yn fy nabod i' meddai wrth gamu i'r tŷ, 'Marged Huws, Twll Mawn, ydw i, ac mi feddyliais y dylwn i ddwad i edrach amdanoch chi a chitha yn ddiarth yn y lle yma. Clywais nad ydach chi ddim wedi cael buwch eto, ac mi ddois i â phrintan o fenyn, torth haidd, a llaeth enwyn i chi.'

'Wel diolch yn fawr i chi, 'rydw i'n falch iawn o'ch gweld chi. 'Does yma neb wedi twllu'r tŷ yma heddiw ar ôl i Harri fynd i'r chwarel. Mynd i weld y llo ddaru i mi rwan am fy mod i wedi diflasu bod yn y tŷ heb ddim i'w wneud.'

'Mi gewch weld mwy o bobol ymhen sbel pan fyddan nhw wedi gorffen codi'r capel, ond ella y bydd arnoch chi eisio mynd i lawr i'ch hen eglwys.'

'Na fydd, mi a' i'r lle y bydd Harri eisio mynd, ac yn ôl i wynt o, i'r capel y bydd o'n mynd.'

Yr oedd Deina'n mwynhau'r sgwrs ac yn mwynhau edrych ar Marged Huws. Yr oedd ganddi wyneb rhadlon, a dim ond un dant yn ei phen. Dynes tua'r deugain oed oedd hi, ond yn edrych yn llawer hŷn. Gwisgai glocsiau a sannau gwynion, pais stwff a becwn, barclod cros bar glas a gwyn, siôl drosti, a chap gwyn wedi ei gwicio a het ddu fechan am ei phen.

Teimlai Deina'n hapus wedi iddi fod, ac yn fwy o wraig wedi iddi gael gwneud te i gymdoges.'

Dechrau Byw, *Haul a Drycin*

Roedd yn gymdeithas hyderus, ffyddiog yn ei dyfodol. Efallai am mai cymdeithas ifanc ydoedd, pobl ifanc wedi cymryd eu siawns a setlo mewn ardal ddiarth ac mewn gwaith diarth. Enghraifft o hyn yw'r ffordd yr aethant ati i godi'r capeli, ac yn aml i ail-godi rhai mwy ymhen dim o dro, i gyd ar gyflog chwarel. Wedi i'r plant dyfu roedd y bobl ifanc yn debyg o aros yn yr ardal, nid oedd colli'r rhai mwyaf abl a galluog yn digwydd, fel a ddigwyddodd dros y cenedlaethau diweddara wedi dirywiad y diwydiant.

'Rhaid fod rhywbeth mawr y tu ôl i aberth y bobl hyn. Nid yn unig yr aberth o fynychu moddion gras wedi gwaith caled y dydd, eithr yr aberth o roi o enillion prin i dalu am y capel, at gael canhwyllau iddo ac at gael pregeth gan bregethwr dieithr ambell Sul. Dim ond dynion a gawsai brofiadau mawr ysbrydol a allai wneud y fath aberth . . . Dynion syml oeddynt, neu dyna fel y tybiwn, ond yr oedd eisiau rhyw sylfaen fwy na symlrwydd i allu gwneud y pethau yna. Mae wynebau eu disgynyddion yn dangos eu bod o dras uchel o ddiwylliant. Nid mewn un genhedlaeth y megir cymeriad na harddwch wynepryd, na balchder mewn ymddangosiad. Nid taeogion a ddaeth i Ddyffryn Nantlle i ddechrau gweithio'r llechen ac i godi addoldai.'

Y Lôn Wen

Roedd mwy o argyhoeddiad, o ysbryd mentro ac arwriaeth dan eu crwyn nag sydd ynddom ni heddiw, aelodau cyfforddus o'r gymdeithas faterol gyfoethog. Oedd y caledi cymharol yn fodd i fagu cymeriad cryf?

Fel rheol y dynion a gymerai'r rhan amlwg ym mhob agwedd ar gymdeithas, blaenoriaid y capeli, arweinwyr cymdeithasau diwylliannol, dynion oedd pob Cynghorydd Plwy, ymhell i ail hanner yr ugeinfed ganrif, gyda nemor ddim eithriad. Dros y degawdau diweddar byddai pob capel a chymdeithas ac eisteddfod wedi mynd i'r gwellt heblaw am arweiniad y merched.

Dylid nodi na chodwyd tafarn yn Rhosgadfan, Rhostryfan, Carmel na'r Fron, er bod Clwb Cymdeithasol Mountain Rangers yn llenwi'r bwlch bellach. Peidiwch â meddwl bod pob chwarelwr yn sant neu'n llwyrymwrthodwr chwaith! Cawn ddisgrifiadau byw o deulu Winni Ffinni Hadog yn *Te yn y Grug*, ac yn *Un Nos Olau Leuad* Caradog Prichard ceir digon o giaridyms. Roedd meddwi, cwffio, godinebu ac aml i nodwedd amheus arall yn bodoli yn bendifaddau.

'Tybed na fuom yn rhy barod i dderbyn ein hanes a'n hatgofion am yr ardaloedd hyn o enau rhai a hyfforddwyd i draethu'n gyhoeddus ac i gofnodi'n ddeallus gan gapel a Sêt Fawr? Nid cymdeithas ddu a gwyn, o bechaduriaid a'r cadwedig rai a nodweddai'r rhannau hyn o Wynedd, ond yn hytrach cymdeithas lle y llithrai mynychwyr yr oedfa a'r dafarn drwy ei gilydd, yn unedig ym mhrofiad y chwarel. Y gorchwylion dyddiol a osodai stamp ar gymuned a chymdeithas, a dyna'r undod profiad a unai'r dirwestwr a'r diotwr.'

Dafydd Roberts, Y Deryn nos a'i deithiau

Cadarnheir y farn yma gan Thomas Parry a fagwyd yng Ngharmel ddechrau'r ugeinfed ganrif.

'Y mae pawb yn meddwl am y gymdeithas honno fel un gul a Phiwritanaidd. . . Yr oedd hi'n Biwritanaidd yn yr ystyr fod rhai mathau o ymddygiad yn waharddiedig. Ond y delfryd oedd hynny. Yn ymarferol doedd dim cymaint o wahaniaeth rhwng yr oes honno a'n hoes lac ni ... Y gwir wahaniaeth yw fod gan yr oes honno safonau, er nad oedd yn eu cyrraedd bob tro, a'n hoes ni yn tueddu i fod heb safonau o gwbl.'

Amryw Bethau

Pobl syml, egwyddorol, Anghydffurfiol, radical, gyda gwerthoedd da, yn llawn o ddiwylliant Cymraeg ar ei orau ac yn perthyn i gymdeithas ddiffuant, hawdd ei deall, gwerth ei hefelychu.

Diwylliant
Roedd yna fywyd cymdeithasol bywiog ac eang yn y pentrefi chwarelyddol. Beth oedd yn digwydd, pa ffurf oedd i'r berw diwylliannol yma?

Roedd y capel yn amlwg iawn yn y bywyd cymdeithasol a roedd y rhan fwyaf o bobl yn perthyn i ryw gymdeithas neu'i gilydd. Un o'r cyfleodd prin i deithio fyddai'r ddwy Gymanfa Ganu flynyddol. Symudai un Dyffryn Nantlle o gwmpas y pentrefi tra cynhelid un Llŷn ac Eifionydd fel arfer ym Mhwllheli. Byddai'r emynau wedi'i dewis a'u hymarfer fisoedd ymlaen llaw, byddai arholiadau Llafar ac Ysgrifenedig ar wybodaeth Feiblaidd, a'r hir aros am y canlyniadau yn ystod y Gymanfa, a chydio'n yr amlen llwythog o bres. Darlun tra gwahanol gawn erbyn heddiw, cynulleidfaoedd y capeli wedi crebachu a heneiddio, costau cynnal a chadw yn faen melin, hen adeiladau yn dirywio, gweinidogion yn brin fel cyflog chwaral, difaterwch, fel mai ychydig iawn o gapeli sy'n dal ar agor. Troswyd amryw yn dai, erys eraill dan glo a llawer wedi'i dymchwel yn llwch.

Bu mynd ar gymdeithasau llenyddol dros fisoedd y gaeaf, a phlant yn eu harddegau yn eu mynychu fel bod ystod oedran eang ynddynt. Yn amlach na pheidio yr aelodau eu hunain fyddai'n cynnal y nosweithiau, dadl, seiat holi, noson lawen, ymweliad gan gymdeithas arall, a darlith achlysurol gan rywun o'r tu allan. Mae gormod o lawer o ddibynnu ar ddarlithwyr gwadd erbyn heddiw. Gwrandawyr yn hytrach na chyfranwyr yw'r aelodau.

Roedd dosbarthiadau Mudiad Addysg y Gweithiwr, y WEA, yn boblogaidd mewn sawl pentref, fel ag yn yr ardaloedd chwareli eraill. R

Silyn Roberts o Danrallt fu'n bennaf gyfrifol am dwf y mudiad yng ngogledd Cymru, ac un arall dylanwadol oedd David Thomas fu'n athro yn Nhalysarn a Rhostryfan. (Mae ei fab Arial a'i wyres Angharad ymhlith ein Hymddiriedolwyr). Llenwai'r dosbarthiadau yma fwlch yn syched y chwarelwr am addysg, gorfu amgylchiadau byw iddynt adael addysg ffurfiol yn ifanc iawn, doedd cychwyn gweithio yn naw neu ddeg oed ddim yn anarferol, fel yn achos tad ac ewyrth KR. Roedd pobl gynhenid ddeallus iawn ymysg y chwarelwyr ond heb fanteision addysg i hogi'r meddwl. Amrywiai'r pynciau o lenyddiaeth i hanes, gwleidyddiaeth, economeg. Pynciau i hyrwyddo cyfleodd gwaith yw'r rhan helaethaf erbyn heddiw ac nid addysg er ei fwyn ei hun.

Cynhelid eisteddfodau blynyddol mewn sawl pentra. Yn ardal ein hastudiaeth daeth tair i'r brig, Cylchwyl Lenyddol Rhostryfan, Eisteddfod Moeltryfan ac Eisteddfod Mynydd y Cilgwyn, a barhaodd tan yn ddiweddar. Byddai unigolion, partïon a chorau lleol yn cystadlu, ond byddai'r noson olaf 'yn rhydd i'r byd', gyda chystadleuwyr yn teithio o wythnos i wythnos o steddfod i steddfod. Dylid nodi hefyd bod cystadlu o safon, gydag amryw o'r ardal yn enillwyr Cenedlaethol. Ceid corau a phartïon ym mhob pentra, rhai plant, merched, meibion a chymysg, gyda'r goreuon yn teithio cryn bellter i gyngherddau. Enynai'r arweinwyr barch y gymdeithas, nifer ohonynt wedi astudio i ennill cymhwysterau. Maent yn rhy niferus i'w henwi. Eithriad i'r corau cystadleuol oedd Côr Dyffryn Nantlle dan arweiniad CH Leonard o'r 1930 ymlaen a ddaeth i enwogrwydd cenedlaethol trwy gynnal cyngherddau a pherfformio ar y radio.

Roed bandiau'n gyffredin i'r ardaloedd glofaol a chwarelyddol fel ei gilydd. Codwyd amryw yn Nyffryn Nantlle, rhai am gyfnod cymharol fyr yn Nebo, y Groeslon, Carmel a Llanllyfni, ond y ddau orau oedd Band Moeltryfan a Seindorf Arian Dyffryn Nantlle, a braf gweld bod yr olaf yn parhau i chwythu a tharo'n gryf.

Blodeuodd cwmnïau drama am gyfnod, yn aml yn dibynnu ar unigolion brwdfrydig fel WJ Davies yn Nhalysarn ac yn ddiweddarch John Gwilym Jones a Wenna Williams yn y Groeslon. Perfformid y dramau yn y festrioedd ac wedyn yn y Neuaddau pentref.

Cynhelid Cyngerdd Mawreddog o bryd i'w gilydd, gyda'r lle dan ei sang, rhai'n Fudd-gyngherddau gyda'r elw'n cynorthwyo teulu rhywun anffortunus fu farw neu a anafwyd yn ddifrifol mewn damwain yn y chwarel, neu oedd yn dioddef o afiechyd hir-dymor. Cyn dyddiau'r

Wladwriaeth Les a dibyniaeth ar bwrs y wlad. Rhoi yn hael o'u prinder.

Gan fod cymaint o gadw defaid ar y tyddynnod roedd bri ar 'Rasus Cŵn' a braf gweld y traddodiad yma'n parhau yn yr ardal.

Ffurfiwyd timau pêl-droed yn y rhan fwyaf o'r pentrefi, yn enwedig wedi diwedd y Rhyfel Byd Cyntaf pan ddaeth yr hogia adref. Byrhoedlog fu amryw, ag eithrio Nantlle Vale, Talysarn Celts a Mountain Rangers, sy'n parhau i gicio, a braf gweld timau yn Llanllyfni a'r Bontnewydd yn ddiweddar hefyd.

Doedd neb yn teimlo'n 'bored' ers talwm goelia i! Clwy dyddiau hawddfyd ydi diflastod.

Y Kate Roberts arall

Mi wnaeth KR gyfraniad enfawr i fywyd Cymru ar wahan i'w llyfrau. Bu'n brysur a dylanwadol mewn amryw o feysydd, a chadernid ei chymeriad gymaint a'i gallu yn gyfrifol am hynny. Da o beth yw i ni gofio hynny i gael darlun crwn ohoni. Dyma fraslun o gyfraniadau KR dros gyfnod maith. Doedd diogi ddim ar gyfyl ei chyfansoddiad.

Y ddrama
Bu'n weithgar gyda chwmnïau drama yn ne Cymru. Cyhoeddwyd dramau ar y cyd gyda Betty Eynon Davies a Margaret Pryce yn 1920. Bu'n aelod o gwmnïau drama yn Nhonypandy ac Ystalyfera.

Perffomiwyd 'Ffarwel i Addysg' yn 1932 ym Mhentre, Rhondda. Hi oedd cynhyrchydd 'Tri Chryfion Byd' a berffomiwyd yn Eisteddfod Genedlaethol Dinbych 1938.

Beirniadaeth Lenyddol
Bu'n ymhel â beirniadaeth lenyddol am gyfnod maith. Cawn sylwadaeth ar 'Y Nofel Gymraeg' yn *Y Llenor* mor gynnar â 1928. Bu'n beirniadu yn yr Eisteddfod Genedlaethol sawl tro, gan geisio diffinio'r nofel, y stori fer a'r stori fer hir yn eu tro. Oherwydd cyfyngiadau y gyfrol *Cyfansoddiadau a Beirniadethau* mae'n debyg nad yma y gwnaeth ei chyfraniadau pwysicaf, ond dyma enghreifftiau o'i beirniadaethau.

Nofel Hir Aberdâr 1956
Ar ôl i mi ddarllen y bennod gyntaf o'r nofel 'Arian Byw' yr oedd fy mhen yn troi fel top, oherwydd na wyddwn pwy oedd pwy yng nghanol yr holl gymeriadau y mynnai'r awdur imi gyfarfod â hwy, heb gyflwyno'r un ohonynt i mi. Wedi dyfod i ddiwedd y nofel, teimlwn mai dyna oedd ei gwendid ar ei hyd.

Mae'r iaith ei hun yr un fath – mae'r nofel yn llawn o ddywediadau a thermau cefn gwlad, pethau nas clywir fyth heddiw, ac eto mae ei hidiomau yn Seisnigaidd. Ymddengys fel petai'r awdur yn cofio'r hen enwau a'r hen dermau a ddefnyddid unwaith yn yr ardaloedd hyn (Meirion) ond bod ei gynefindra â'r Saesneg wedi lliwio ei idiomau e.e. 'mi fydd dy dad yn dy golli di' yn lle 'mi fydd chwith gan dy dad ar dy ôl' 'mi fydd dy dad yn dy fethu di' fyddai hi erbyn heddiw!) A'r waethaf 'serfio fo'n reit' yn lle 'eitha gwaith'.

.. CYFARFOD ..

LLENYDDOL A CHERDDOROL

RHOSGADFAN

A GYNHELIR

NOS WENER a DYDD SADWRN

IONAWR 24 a 25, 1936.

Rhestr y Testunau.

Beirniaid, Amodau, &c

PRIS: 2c. ——— ——*Trwy'r Llythyrdy,* 2½c.

I'w cael gan yr Ysgrifennydd:—

Mr. L. J. PRITCHARD,

Glyn Aber, Rhosgadfan,

Llanwnda.

Argraffwyd gan H. W. Jones, Stryd Fawr, Caernarfon.

Un cystadleuydd yn unig, a KR a John Gwilym Jones yn gytun mai rhan o'r wobr yn unig a haeddai. Neb llai na Rhiannon Davies Jones, ddaeth yn un o'n prif nofelwyr, yn enwedig gyda'i nofelau hanesyddol!

Stori Fer Caernarfon 1959

Y trydydd dosbarth – cronicl ydyw heb unrhyw ymgais i'w droi'n llenyddiaeth. Fe gymerai amser maith iawn i mi geisio egluro sut mae troi digwyddiad yn llenyddiaeth . . .

O'u cymharu â'r storïau y bûm yn eu beirniadu yn y gorffennol, mae'r storïau sydd yn y dosbarth cyntaf yn well o lawer. Mae'n amlwg fod darllen storïau, a mynychu dosbarthiadau efallai, wedi cael effaith amlwg, ac mae'r storïwyr hyn wedi deall bellach fod yn rhaid cael mynegiant allan o'r cyffredin, cyffyrddiadau cynnil sy'n dangos cymeriad neu sefyllfa, neu'n creu awyrgylch, a rhyw arwyddocâd i'r cyfan . . .

Mae storïwyr y dosbarth cyntaf yn bur sicr eu cerddediad, maent yn amcanu at arddull, maent yn gallu disgrifio, maent yn adnabod pobl ac yn gwybod rhywbeth am y profiad o fyw.

Y Fedal Ryddiaith Y Fflint 1969

Mae llawer gwell graen ar iaith y rhan fwyaf o'r cystadleuwyr nag a welais ers tro. Ond mae Cymraeg rhai o'r cystadleuwyr yn bur wallus mewn treigladau ac amser y ferf, er eu bod yn rhydd oddi wrth briod-ddulliau Saesneg. Mae rhai eraill yn cael temtasiwn i ddefnyddio ymadroddion chwyddedig gan feddwl yn ddiamau mai hynny sy'n gwneud arddull dda. Temtasiwn rhai eraill yw defnyddio gormod o gymariaethau, cymariaethau da yn aml, ond dylid cofio bod gormod ohonynt yn tagu'r arddull. O'u cael yn anaml ychwanegant yn ddirfawr at werth y darlun. O gael gormod ohonynt, rhwystrant chwi rhag gweld y darlun.

Gormod o bwdin dagith gi! Dyna fy mai innau pan ddechreuais sgrifennu.

Bu'n cyfrannu i sgyrsiau radio; bu'n darlithio, a nifer ohonynt yn gyhoeddiedig; ymddangosodd ei sylwadau yng nghyfrolau *Ysgrifau Beirniadol*; cyfrannodd yn hael i'r *Faner* mewn adolygiadau; rhoddai ei barn heb flewyn ar dafod, weithiau'n hallt at ddiffyg safon iaith neu ymrwymiad, ond hefyd yn werthfawrogol.

Cawn sylwadau pwysig ganddi yn 'Crefft y Stori Fer'. Mae'r atebion yma i gwestiynnau Saunders Lewis yn dangos yn union syniadau KR am hanfodion y stori fer.

SL: Beth wnaeth i chi ddewis y furf? Pam stori fer?

KR: Ni fedraf ddweud yn iawn pam stori fer ac nid nofel, os nad am fod profiad yn dangos 'golau ar y cam' – ac nid ar yr holl fywyd. Rhyw un peth yn dyfod ar draws y meddwl, a gweld deunydd stori yn hwnnw, ac efallai, meddwl nad oedd digon o amser i gynhyrchu nofel, petai'r syniad yn dyfod.

SL: A fentrech chi roi diffiniad o'r hyn yw stori fer yn ei hanfod i chi?

KR: Mi fydda i'n tybio weithiau fod cymaint o fathau o storïau byrion ag sydd o awduron. 'Rwy'n hoffi diffiniad y Dywysoges Bibesco, 'seren wib llenyddiaeth', ac mae'r seren wib yn ddisgrifiad o'r hyn y ceisiais i ei ysgrifennu – rhyw un profiad, neu un fflach o oleuni ar un peth, neu gyfres o bethau yn perthyn yn agos i'w gilydd. Hyd yn oed pan geir cyfres o ddigwyddiadau yn perthyn i'w gilydd mewn stori fer, mae'r pwyslais ar un yn fwy na'r lleill. Fe ddylai bod rhyw 'nawfed ton' er i'r tonnau eraill gael digon o sylw.

SL: Sut y byddwch chi'n gweld deunydd i stori ac yn gafael ynddo?

KR: Anodd dweud . . . Ond rhaid i'r sylfaen fod yn gref, ac mae honno o'r golwg. Ac i'm bryd i, mae'r hyn sydd o'r golwg, y profiad, yn bwysicach. Weithiau, ond nid yn aml, cofio am rywbeth a ddigwyddodd ym mywyd rhywun a gweld ynddo ddigon o bwysigrwydd i sgrifennu stori fer... Ond wrth reswm eu moldio yn fy mhair fy hun, a rhoi fy mhwyslais fy hun lle y tybiaf i y dyliai fod . . .

. . . credaf mai'r dull a gymerais oedd, fy mod yn gweld drwy fy nychymyg brofiadau'r bobl y'm codwyd ohonynt, a'r profiadau hynny yn codi fynychaf o'r ymdrech yn erbyn tlodi; disgrifio'r pethau a arweiniodd at y profiad hwnnw (dyna paham mae cymaint o edrych yn ôl yn y storïau mae'n debyg) adeiladu'r stori gyda'r pethau a debygaf sy'n angenrheidiol i gyrraedd at yr uchafbwynt. Weithiau bydd dywediad o eiddo rhywun yn ddigon i roi testun stori imi . . .

Hoffwn bwysleisio mai'r mymryn lleiaf sy'n rhoi syniad imi, a'r canlyniad ydyw mai storïau sy'n edrych yn denau ydynt.

SL: O ble y daw eich profiadau a'ch deunydd fel storiwr?

KR: O'r gymdeithas y'm codwyd ohoni, cymdeithas dlawd ar adeg dlawd yn ei hanes, oherwydd hynny ni'm denwyd i sgrifennu storïau yn delio â rhyw, neu ymdrechion ysbrydol eneidiau – ymdrech yn erbyn tlodi ydoedd o hyd. Ond sylwer nad wedi cyrraedd gwaelod y tlodi hwnnw y mae'r cymeriadau, ymdrechu yn ei erbyn y maent, ei ofn arnynt.

Codir fy ngwrychyn ar unwaith yn erbyn pob peth a dybiaf sy'n anghyfiawnder, boed oddi wrth unigolyn neu gymdeithas neu wladwriaeth.

A dywed un arall nad oes ynddynt deimladau o ddicter, drwg deimlad, balchder, hunan-dosturi na chwerwder . . .

Saunders Lewis, Crefft y Stori Fer

Cymdeithas

Bu KR a'i theulu yn rhan o fywyd cymdeithasol Rhosgadfan ei magwraeth a naturiol felly oedd iddi ymroi i fwrlwm cymdeithasau yn ne Cymru a Dinbych yn eu tro. Yn ei holl waith cymdeithasol llafuriodd i amddiffyn a rhoi bywyd newydd i'n llenyddiaeth, i'n diwylliant a'r hen gymdeithas werinol. Bu'n weithgar yn ystod ei chyfnod yn y De, yn aelod o gwmnïau drama ac yn wir yn cyfansoddi ambell un; roedd yn selog yng nghyfarfodydd cymdeithas ddethol yng Nghaerdydd, Y Gwyneddigion; yn Ninbych ymrodd i gefnogi Cymdeithas Gymraeg y dref, Urdd Gobaith Cymru, Plaid Cymru, cymdeithasau llenyddol cyfagos, byddai'n darlithio mewn sawl pentref. Bu'n aelod selog yn y Capel Mawr. Bu'n hynod brysur yn pwyllgora pan ddaeth yr Eisteddfod Genedlaethol i Ddinbych yn 1938. Gweithiodd yn ddygn i sefydlu Ysgol Twm o'r Nant yn Ninbych yn nyddiau arloesol ysgolion cyfrwng Cymraeg. Roedd angen croen eliffant arni weithiau yn wyneb ymateb pobl i'w hymdrechion dros y Gymraeg.

'Fe fu ymddygiad merched y Capel Mawr yn ffiaidd yr adeg y buom yn cael Ysgol Gymraeg i'r dref hon, a dyna a roes y syniad imi (*Tywyll Heno*)

Ar ôl yr helynt fu yn y Capel Mawr ynglyn â chael y Festri i'r Ysgol Gymraeg, mae aelodau Aelwyd y Chwiorydd yn y Capel yn fy anwybyddu fi, yn fy mhasio heb edrych arnaf, er na ddywedais air o'm pen. Ond y fi oedd ysgrifennydd yr Ysgol Gymraeg, a fi felly oedd y bwgan.'

Ysgrifau'r Faner

Er ei phrysurdeb bu'n llythyru'n gyson drwy ei hoes, ac yn ateb y cyfle cyntaf gai. Dengys ei llythyrau i John Roberts, Ysgrifennydd yr Eisteddfod Genedlaethol, ei gostyngeiddrwydd a'i gwerthfawrogiad o eraill, a'i dweud plaen.

Y Cilgwyn,
Gorff 1962

Annwyl Mr Roberts,

Diolch yn fawr iawn i chi am eich llythyr heddiw. Peth bychan iawn oedd i mi ddychwelyd y tâl am feirniadu a hithau'n ymddangos yn gyfyng arnoch ar y pryd. Ond yr wyf yn gwerthfawrogi'n fawr iawn fod y pwyllgor yn dymuno diolch imi. Nid pawb sy'n gwneud hynny. Da gennyf i'r Eisteddfod dalu yn y diwedd – teyrnged fawr i chwi fel Ysgrifennydd.

Fy nghofion cywir,
Kate Roberts

Y Cilgwyn,
4. 3. 79

Annwyl Mr Roberts,

Amgaeaf siec am £100 i Gronfa'r Eisteddfod. Caf arian da am fy llyfrau rwan, ac i beth mae ar ddynes o'm hoed i eisiau eu cadw? Ond crefaf arnoch i beidio â rhoi fy enw i lawr wrthi. Rhowch 'Dienw Caernarfon'.

Dymuniadau gorau a chofion caredig,
Kate Roberts

Y Cilgwyn
2. 7. 1968

Annwyl Huw Lloyd Edwards,

Gair bach ydi hwn i ddiolch yn gynnes iawn i chi am eich addasiad o'r 'Golled'. Mwynheais y rhaglen yn fawr ac yr wyf wedi sgwennu am ei rhagoriaethau i J Hefin Evans. Gwnaeth eich addasiad chi imi deimlo fod fy stori yn rhy gynnil a bod y pethau ychwanegasoch chi wedi ei gwella yn fawr, a hynny heb dynnu dim oddi wrth ei naws na'i hawyrgylch. Diolch yn fawr i chi.

Gobeithiaf bod eich iechyd yn well.
Gyda chofion caredig,
Kate

Yr Ysgol. Gynradd
Penygroes
Caernarfon

Annwyl Kate Roberts

Rwyf yn gwneud Cywaith ar Enwogion Dyffryn Nantlle. A fuasech mor garedig ac ateb y cwestinnau yma?
Sut dechreuoch chwi ysgrifennu llyfrau?
Sut fath o lyfrau ydech yn ei hoffi ysgrifennu?
Os oes gennddoch lun o honoch chi eich hun o fesun yn ei gail osgweluwth yn ddo?

oddiwrth Rwen

Annwyl Rwen

Mae'n anodd cann inni atb eich cwcuiqnrau ' Yr wyf bron yn 89 oed, wedi cael tair damwain ac mae gennyf gên (cataract) ar y ddau lygad. Rhaid i ddyut fod yn fyr.

1. Dechreuais ysgrifennu llyfrau yn 1921. Y profedigaethau a gawsom fel teulu yn Rhyfel 1914-18 a wnaeth imi ddadrau ysgrifennu, gweld y bobl gyffredin yn colli eu plant yn y Rhyfel, heb ddim cydymdeimlad â'r rhyfel o gwbl. Gwelddy diodddef a wnaeth imi ddechrau ysgrifennu

2. Yr wyf yn hoffi ysgrifennu straeon Caru, y rheiny fel rheol yn diweddu mewn siom. Hefyd y wyf yn hoffi yn well ysgrifennu storiau sy'n dangos ymdrech yn erbyn tlodi ac amgylchiadau caled bywyd. Yr oedd yr amgylchiadau felly yn nechrau'r ganrif ac am hir wedyn pan oeddun yn ysgrifennu

Dymuniadau da
Kate Roberts

Cenedlaetholwraig

Roedd KR yn Gymraes wrth reddf, wedi'i magu ar aelwyd uniaith Gymraeg, mewn cymdeithas uniaith Gymraeg. Fel yn achos cyfoeswyr y daeth i'w hadnabod yn y man, rhai fel Waldo a DJ, ei brogarwch oedd sail ei theimlad o berthyn i genedl. Yn Ysgol Syr Hugh Owen ac yn y coleg daeth yn fwy ymwybodol o genedlaetholdeb ehangach na'i milltir sgwâr.

'Byddaf yn meddwl weithiau mai cariad at gartref yw gwreiddyn pob gwladgarwch . . . Ni welias i eto wlad mor hardd; bydd ias yn mynd i lawr fy nghefn wrth deithio drwy ei bylchoedd ac edrych ar ei mynyddoedd uchel a chaf yr un ias o bleser wrth redeg fy llygaid dros ei gwastadeddau breision, megis Dyffryn Clwyd a Dyffryn Teifi. Ni wn am un olygfa harddach na'r un a welir o Sir Fôn wrth edrych i lawr arni ac at Afon Menai o Rosgadfan a'r pentrefi cylchynol. Yn wir byddaf yn gweld ei ffriddoedd grugog yn hardd.'

Cyw a fegir yn Uffern Y Faner Mai 1985

'. . . deuthum i weld gogoniant a harddwch iaith fy nghartref a bod ei thras yn bendefigaidd, peth na'm gadawodd byth oddi ar hynny. Ar hynny y mae fy nghenedlaetholdeb wedi ei sylfaenu.'

Roedd yn aelod o Blaid Cymru o'r dyddiau cynnar, ar y Pwyllgor Gwaith, yn mynychu cyfarfodydd a'r Ysgol Haf yn gyson.

'Mae gen i ddarlun o nifer bychan o aelodau Ysgol Haf gynta Plaid Cymru o flaen hen Senedd-dy Owain Glyndŵr ym Machynlleth yn 1926 . . . Wedi i Kate Roberts briodi a symud i Donypandy. Mawr iawn y trafod, y cynllunio a'r trefnu gwaith yn Kenry Street, rhannu a gwerthu llenyddiaeth y Blaid, canfasio o ddrws i ddrws pan fyddai Morris Williams yn sefyll lecsiwn leol.'

Cassie Davies

Roedd KR yn fodlon canfasio yn y Cymoedd, talcen caled i Genedlaetholwraig os bu un erioed. Bu'n aelod gweithredol o Blaid Cymru tra gallai. Roedd cyfran helaeth o lenorion amlyca'r cyfnod yn aelodau o'r dyddiau cynnar a buan y daeth KR i'w hadnabod, gan gadw cysylltiad clos gyda rhai ohonynt drwy gydol ei hoes. Aelodau o blaid wleidyddol, ond cenedlaetholwyr diwylliannol yn hytrach na gwleidyddion oeddynt, gydag ambell eithriad prin. Llenorion fel Ambrose Bebb, R Williams Parry, Prosser Rhys, Gwilym R Jones, Gwenallt, Iorwerth C Peate a Saunders Lewis.

Nid oedd mor hawdd teithio bryd hynny ac felly roedd llythyru'n ddull pwysig o gyfathrebu. Gweler y ddwy gyfrol *Annwyl Kate, Annwyl Saunders* ac *Annwyl D J*. O ddarllen y llythyrau gwelir peth gwahaniaeth barn, yn enwedig wedi i SL gilio pan ddaeth Gwynfor Evans i arwain y

Blaid. Ni choleddai SL heddychiaeth KR a DJ. Ond cytunai KR a DJ â Saunders ar egwyddor defnyddio dulliau anghyfansoddiadol. Gwelsant bod Plaid Cymru ar groesffordd wedi methiant amddiffyn Tryweryn. Cefnogodd KR gynnig Catherine Daniel yn Ysgol Haf 1961 dros weithredu anghyfansoddiadol, ond fe'i ffromwyd gan rai o'i chefnogwyr, fel y dywed mewn llythyr at DJ a Sian.

'Pobl ddiwreiddiau hollol, yn siarad Saesneg, heb wybod dim am Gymru, nac yn ceisio gwybod. Nid dros fy Nghymru i na'ch Cymru chwithau y siaradent . . . a gofynnodd un o'r ceiliogod ifanc o Saeson hyn i mi beth a wnaethwn dros Gymru. Cefais ddigon o synnwyr digrifwch i beri iddo fynd i Swyddfa'r Blaid i Gaerdydd i ofyn . . . Saesneg oedd y brif iaith . . . Nid yw Gwynfor byth yn stopio i siarad â mi yn unlle, dim ond nodio.'

Annwyl DJ

Gallwch ddychmygu ymateb Kate!
    'Wel, fe fyddwch chithau, y ffyddlonaf o bawb gyda ni 'leni eto yn Abergwaun rwy'n obeithio, y deunawfed tro ar hugain os wyf yn cofio'n gywir i chi fod yn bresennol mewn Ysgol Haf. (1964) Bendith ar ych pen chi, Kate, fel un a gafodd y fath gryfder corff, meddwl ac ysbryd i ddal ymlaen drwy'r maith flynyddoedd mor gadarn a digyfnewid.'

Annwyl DJ

Bu hi a DJ yn gyfeillion oes. Gwelwn pa mor deimladwy oedd KR yn ei llythyr iddo wedi marwoleth ei wraig Sian.

Mae'n anodd iawn cyfleu cydymdeimlad mewn geiriau; teimlo yr ydym â'n holl galon dros ein cyfeillion, a phan geisir cyfleu'r teimlad hwnnw, nid yw geiriau'n ddigon. Mae edrychaid neu wasgu llaw yn cyfleu mwy yn aml.

Ymaelododd â Chymdeithas yr Iaith Gymraeg yn ddiweddarch, gwelai bod angen gweithredu os am newid pethau. Gan ei bod o blaid y defnydd o ddulliau anghyfansoddiadol a'i bod yn heddychwraig, naturiol oedd iddi dderbyn dulliau di-drais C yr I o weithredu. Dangosodd ble'r oedd hi'n sefyll mewn stori, 'Y Mul' a ymddangosodd yn 'Y Cymro'.

'Dydi dyn yn ennill dim wrth gadw'r ddesgil yn wastad, ond mae dyn yn ennill lot wrth ddweud y gwir' . . . a ddywed gweinidog wrth ei wraig. Mae'r gweinidog wedi canmol dewrder aelodau Cymdeithas yr Iaith yn ei bregeth wrth sôn am ddifaterwch pobl.

'Gwelodd wrth wynebau rhai o'i gynulleidfa ei fod wedi eu cythruddo; fe arhosodd rhai ar ôl a'i gyhuddo o bregethu gwleidyddiaeth.
'Naddo,' meddai yntau.
'Beth ydi Cymdeithas yr Iaith ond politics?' meddai un blaenor.
'Ddim o gwbl. Diwylliant ydi iaith'.
'Peth yn perthyn i blaid ydi o', meddai un arall
'Naci, peth yn perthyn i fyd addysg ydi o. Yn yr ysgolion mae dysgu iaith nid yn y Senedd. Peth arall, petai o'n perthyn i'ch plaid chi fuasech chi'n dweud dim. 'Rydach chi'n hollol anwybodus'.

Gallaf glywed KR yn llefaru union eiriau'r gweinidog!

Yn fy marn i, yn awr ac o'r cychwyn cyntaf, ni ddaw senedd i Gymru drwy senedd Lloegr. Petai pob etholaeth Gymreig yn mynd i Blaid Cymru, nid drwy hynny y deuai hunanlywodraeth. Ni ddaw hunanlywodraeth ond yn unig drwy wneud llywodraethu o Lundain yn amhosibl. Y mae dysgu mai dulliau cyfansoddiadol sy'n mynd i ennill yn chware'n syth i ddwylo llywodraeth Lloegr. Yn fy marn i y mae bechgyn a merched Cymdeithas yr Iaith Gymraeg yn dangos y ffordd well, yn adeiladu Cymreigrwydd yn arf yn erbyn gwasanaeth sufil Lloegr, yn codi mur Cymreig.

1966

Nid Cymru a'i chyflwr a'i hanghenion, er cymaint y rheiny, fu unig faes ei hymdrechion. Fel un â theimladau dwys ac a welodd dlodi a dioddefaint mewn llawer gwedd, yn y Gogledd ac yn y De, fe apeliodd ymgyrch yr Iddew dyngarol, Victor Gollancz, ar ran Cronfa Achub Ewrop, er lliniaru ing a thrueni'r gwledydd wedi'r Rhyfel Byd diwethaf, yn fawr iawn arni. Agorodd Gronfa yn *Y Faner* ar gyfer hynny, a rhwng 1946 a 1949, fe gasglodd ymhell dros £2,000, arian sylweddol bryd hynny.

Pobl o'r math yma, sy'n rhoi pris ar y gwerthoedd uchaf o ddidwylledd a ffyddlondeb a hunan-aberth, gan ddilyn yn ddi-feth eu gweledigaeth bersonol hwy eu hunain, heb feddwl eu bod yn gwneud dim maes o'r cyffredin, sy'n newid gwedd cymdeithas a chwrs hanes, gydag amser.

Codi'r Faner DJ

Mae'n rhaid i ni fagu dewrder ysbryd ac ymladd ac aberthu fel y gwna'r cenhedloedd eraill, os ydym ni am haeddu byw o gwbl. Roedd hi'n barod iawn i wneud y pethau bychain.

Ynghanol rhyw ddiwydrwydd digon diffrwyth yr wyf fi o hyd ond yr iechyd ar y cyfan, drwy drugaredd, yn cadw'n dda. Rhyw Fartha fach ofidus a thrafferthus ynghylch llawer o bethau ydwyf i – Ffair Nadolig y Blaid a gorffen Cronfa Gŵyl Dewi a aeth â'm sylw pennaf yn ddiweddar. Pwy a'm gwared i oddi wrtho – yw hi o hyd. Pam na fyddwn i wedi cael fy ngeni'n Sais boliog, hunanfoddhaus a Duw yn gwenu'n braf ar bopeth a wnaf, boed dda neu ddrwg – dyw e ddim gwahaniaeth i'r 'God's Own Englishman', meddech chi.

Annwyl DJ

'Yr oedd Kate Roberts yn fwy na llenor mawr. Roedd yn gymeriad mawr, yn ddarn o gadernid Gwynedd, yn gryf ac unplyg, yn arweinydd sicr ei gwerthoedd a chlir ei gwelediigaeth. Er nad oes arlliw o bropaganda yn ei gwaith llenyddol, brwydrodd ar hyd ei bywyd dros y Gymru a garai mor angerddol a thros heddwch a chyfiawnder yn y byd. Ni ellir ei dychmygu'n derbyn cyflwr caeth adfydus Cymru yn llonydd. Dywedodd cyd-athrawes iddi yn Aberdâr, 'Adnabod Kate Roberts a'm gwnaeth yn ymwybodol fy mod yn Gymraes . . . Taniodd Kate fi â pheth o'i hangerdd ynghylch ein gwlad, a dysgais ei bod yn casáu'r goncwest o Gymru gan Edward 1 mor ffyrnig â phe bai wedi digwydd yn 1912 ac nid yn 1282.' Dangosodd ei rhuddin gan y modd y derbyniodd ei chyfrifoldeb dros *Y Faner*, prif gyfrwng cendlaetholdeb Gymreig yn y wasg, ar ôl marw ei gŵr, a'i hymdrech i'w chynnal yn nannedd anhawsterau mawr. Yr oedd yn arweinydd ym mywyd Cymraeg Dinbych, nid yn unig trwy'r cymdeithasau llenyddol a diwylliadol a'r Urdd. Bu'n gefn i'r mudiad i gael ysgol Gymraeg. Bu'n ffyddlon i'w chapel, a pharatoai'n ofalus gogyfer â'i dosbarth o ferched mewn oed yn yr Ysgol Sul. A thrwy'r blynyddoedd gweithredodd yn y ffordd ymosodol y galwai cyflwr Cymru amdani.

Yr oedd ymhlith aelodau cynharaf y Blaid Genedlaethol, ac nid perthyn iddi yn unig a wnâi'r llenor mawr hon ond gweithio drosti. Fel sosialydd a heddychwraig yr oedd yng nghanol traddodiad radicalaidd Cymru. Yn Ysgol Haf gyntaf y Blaid ym Machynlleth hi a etholwyd yn llywydd cylch y merched. Yr oedd eisoes, gyda D O Roberts, wedi sefydlu cangen gyntaf y Blaid yn neheudir Cymru, yn Abercwmboi, Dyffryn Cynon. Gweithiodd yn galed yn yr etholiad lleol a enillodd Morris Williams ym 1937. Cynhaliodd golofn am flynyddoedd yn *Y Ddraig Goch*. Dywedodd wrthyf pan ddathlai Plaid Cymru ei hanner canmlwyddiant ei bod wedi mynychu pob un ysgol haf a chynhadledd o'r dechrau. Gadawodd fwy na hanner ei hystad i Blaid Cymru yn ei hewyllys. Yr oedd ei chenedlaetholdeb yn gwbl gydlwadol. Ar ôl y rhyfel casglodd filoedd o bunnoedd i Gronfa Achub Ewrop. Gydag ewyllys gref parhaodd i roi cefnogaeth weithgar i'r mudiad heddwch a'r achos cenedlaethol hyd at ei henaint. A godwyd gwraig fwy na hi erioed yng Nghymru?'

Gwynfor Evans, *Seiri Cenedl*

Gwasg Gee a'r Faner

Yn 1935 prynodd Kate a Morris Wasg Gee, ble'r oedd Prosser Rhys eisoes yn olygydd *Y Faner*, ac wedi marwolaeth Morris yn 1946 bu'n rhedeg y Wasg ei hun am ddeng mlynedd tan 1956, gyda Gwilym R Jones yn olygydd *Y Faner* a Mathonwy Hughes yn is-olygydd. Bodau prin yng Nghymru oedd merched yn rhedeg cwmnïau bryd hynny. Yn sicr nid oedd ofn mentro, ac yn nhraddodiad y teulu nid oedd gwaith caled yn groes i'r graen iddi. Roedd y Cilgwyn yn dŷ sylweddol a chymharol foethus, a bu gan KR ran yn ei gynllunio, ond nid oedd byth arian wrth gefn. Mynnodd mai'r holl waith caled i redeg y wasg fu'n gyfrifol am farwolaeth gynnar Morris. Ddim yn crybwyll ei alcoholiaeth. Brwydrodd yn erbyn trafferthion busnes, rhai'n ariannol, ond daliodd ati, fel cymeriadau gwydn ei storïau. Datblygodd *Y Faner* yn wythnosolyn pwysig i ledaenu neges cenedlaetholdeb, a gyda chyfraniad Saunders Lewis a'i golofn 'Cwrs y Byd' esgorodd ar un o'r cyfnodau disgleiriaf oll yn hanes newyddiaduriaeth Cymru.

Gwelodd hi a'i phriod, fel llawer eraill yn gynnar, na fyddai yma, yng Nghymru, na llenyddiaeth na chenedl i ddarllen a mwynhau ei llenyddiaeth ei hun, am ryw hir iawn, onid ymroddai rhywrai iddi o lwyrfryd calon i hawlio i'r genedl hon yr un amodau byw ag a fwynheid gan bron holl genhedloedd y ddaear, sef ei llywodraeth gyflawn ei hun, yn gyfrifol am bob agwedd ar ei bywyd. A gwleidyddiaeth, ddyrys ei ffyrdd, a mawr ei thrafferthion, oedd y cyfrwng mwyaf uniongyrchol i sicrhau hynny. Ac o gariad dwys at Gymru y dewisodd Kate Roberts, a'i phriod, Morris Williams, a'u llygaid yn gwbl agored, y ffordd galed a blinderus hon.

Codi'r Faner DJ

'Yr argraff gyntaf a gefais ohoni oedd bod ganddi degwch pryd a gwedd a bod ei llygaid gwelwlas yn syllu drwyddoch. Ei hedrychaid craff i fyw eich llygaid wrth sgwrsio, ac onestrwydd ei siarad – dyna'r cyfuniad a wnai'r cyfarfyddiadau cyntaf yn rhai go anghysurus i rywun fel fi nad oedd yn gyfarwydd â'r math yma o gyfathrebu. Mae'r argraff yma o'i llygaid pelydr-X a'i siarad di-weniaith wedi parhau hyd heddiw. Fe ddysgais yn gynnar ei bod yn wraig fyw iawn i'w phethau ac ar yr un pryd yn ffôl o hael – cyfuniad go baradocsaidd.

Ni bu dim anghydfod yng nghwrs y deng mlynedd y bu Kate Roberts yn bennaeth Gwasg Gee ac yn brif berchennog *Y Faner*. Rhyfeddais at y ddawn hon a oedd ganddi i gyflawni gwaith gohebydd. Ni byddai arni ofn dweud ei barn am neb na dim. Cyfrannodd o'i harian a'i dawn lenyddol fawr i'r papur am fod *Y Faner* a'r pethau y saif drostynt yn bwysig ac yn werthfawr yn ei golwg.'

G R Jones Y Faner Chwe 1981

A'i barn hi am Gwilym R? Yr un mor blaen ei thafod â'i mam a'i neiniau!

Mae GR yn hen foi hoffus, hawdd cyd-weithio â fo, yn weithiwr caled ac yn deyrngar dros ben. Ond mae yna ryw ddiffyg sadrwydd ynddo, neu ddiffyg barn. Ni all ddeall pobl na'u hamcanion drwg; diniwedirwydd byrbwyll yw hynny.

Ysgrifennai golofn i'r *Faner* yn rheolaidd dros gyfnod hir ar ystod helaeth iawn o bynciau. Nid oedd ofn mynegi barn! Cawn olwg ar y person yn hytrach na'r llenor drwy ei hysgrifau, er na ellir gwahanu'r ddau. Cawn olwg ar ei diddordebau, ei chas bethau, ac yn enwedig yn y dyddiaduron, golwg ar ei bywyd beunyddiol. A daw'r gwirebau bachog yn gyson. Bu'n byw ar ei phen ei hun am gyfnod maith a chawn syniad o'i hunigrwydd yn ei dyddiaduron yn *Y Faner*. Byddai'n mwynhau mynd allan i dai ffrindia am bryd a sgwrs gyda'r nos a chawn nifer o gyfeiriadau am hyn yn ei dyddiaduron. Ond mynd adra i dŷ gwag fyddai. Beth am y wraig tŷ?

'Fel pob Sul cael fy mrecwast yn fy ngwely, yn fore er mwyn imi gael aros yn fy ngwely dipyn yn hwy. Codi a gwneud brecwast a mynd ag ef ar hambwrdd i'w fwyta yn y gwely. Smalio â fi fy hun y bydd rhywun arall wedi ei baratoi i mi. Dyma'r unig beth amheuthun a gaf mewn wythnos.

1954 Codi reit fore. Gorffen fy smwddio ar ôl brecwast. Golchi silffoedd y gegin bach wedyn a llnau'r gegin. Cinio o botes pen oen a sbâr pwdin y diwrnod cynt.

1955 Ionawr 13 Eira mawr. Mrs R yn dyfod i lawr, ein dwy yn mynd trwy'r tŷ o'r top i'r gwaelod. Lobscows a phwdin Efa i ginio.

Nadolig 1955 Aeth yn hwyr arnaf yn cael cinio am fod y stof yn ara', ond fe ddigonodd y cyw yn hyfryd. Ni chawswn amser i wneud pwdin na chacen, ond fe gefais gacen ragorol gan fy nheulu o Lerpwl. Ni allwn ysgrifennu stori a gwneud pwdin, a'r pwdin a gafodd fynd dros y bwrdd.

1958 Codi wrth fy mhwysau. Gwneud y gwaith arferol, a glanhau'r parlwr yn drylwyr.

Rhagfyr 26 1958 Cerdyn oddi wrth BTJ, heb glywed oddi wrtho ers blynyddoedd, na'i weld ychwaith. Mor falch oeddwn! Nid oeri y mae cyfeillgarwch, ond amser a lle sy'n gwneud inni anghofio. Meddwl amdano gyda'r un hyfrydwch ag a wnawn gynt.

Dydd Nadolig 1958. Codi'n weddol fore. Brecwast syml o de a brechdan wenith, banana a marmalêd. Gwneud y gratiau, golchi llawr y gegin. Rhoi fy nghinio yn y popty ac ar y stof.... Ei gael ar y bwrdd am 12.45 union. Ei fwynhau yn fawr. Gresyn na bai rhywun yn ei rannu efo mi.

Sulgwyn 1968 Bu heddiw'n ddiwrnod o unigrwydd imi a thawelwch. Meddwl am fy nheulu a'r hwyl a gaem ers talwm. I gyd wedi mynd. Ond nid yw'r dideulu yn ofni galar mwyach.

1968 Golchi golchiad go fawr. Glanhau'r gegin a siopa. Ail afael yn y smwddio a gorffen. Glanhau'r gegin a'r pantri etc.

Codi yn fore tynnu llwch etc.

Rwyf newydd orffen smwddio golchiad mawr ac mae Morris wedi mynd i Noson Lawen ym Mangor. 'Fe gefais innau gynnig mynd, ond fe fuasai'r smwddio wrth gorn fy ngwddw yfory eto ped aethwn'

Annwyl DJ

Nid llenor yn unig ydoedd. Yr oedd yr un mor greadigol yn ei chegin a'i bwyd amheuthun yn gwneud bod wrth ei bwrdd yn bleser. A rhyw sigaret bach wedyn wedi bod wrth ei bodd.

John Gwilym Jones

Rhagfarn

Mae rhai pobl yn siwr o ymateb yn negyddol bob tro y bydd menter yn sicrhau nawdd o arian cyhoeddus. Wast o bres! Mi fasa'n rheitiach eu gwario ar ysbytai neu ysgolion ayyb. Mae 'na ragfarn yn erbyn Kate Roberts yn parhau i fodoli yn lleol, gan gynnwys pobl wnaeth erioed ei chyfarfod gan mwyaf erbyn heddiw. Daethom ar draws enghreifftiau o hyn wrth gynllunio i greu'r Ganolfan Treftadaeth. 'Beth wnaeth hi i ni?' 'Doedd hi byth yn dwad i Rosgadfan'. 'Doedd hi ddim yn sbio ar bobol.' 'Gwastraff arian ydi adnewyddu Cae'r Gors.' Beth sy'n gyfrifol am hyn? Nifer o ffactorau mae'n debyg a'r lobscows cyfan wedi dwad yn rhan o'r syniad lleol amdani, a'r trafod ar aelwydydd o genhedlaeth i genhedlaeth. Trosglwyddo heb feddwl, heb ystyried yn gyntaf. Gallwn gynnig y canlynol fel rhyw fath o eglurhâd. Mater arall ydi cyfiawnhâd.

Fel ei mam a'i neiniau roedd Kate yn gymeriad cryf, yn dweud y gwir plaen, costied a gostio, ac felly'n gallu creu gelynion neu wrthwynebiad o leiaf. A chof hir gan bobl, a maddeuant yn absennol o'u geirfa.

Pan gyhoeddwyd ei chyfrol gyntaf, *'O Gors y Bryniau'* yn 1926, mae'n debyg bod nifer go helaeth o'r trigolion lleol wedi ei darllen. O bosib bod rhai'n chwilio am debygrwydd yn y cymeriadau a'r digwyddiadau i bobl yr ardal a digwyddiadau go iawn, ac efallai ddim yn hoffi bod KR wedi sgwennu am eu teuluoedd fel y tybient. Efallai bod cam-ddehongli'r sôn am galedi a thlodi yn ei straeon, pobl falch oeddynt, heb weld mai tosturio, cyd-ymdeimlo â hwynt oedd KR ac nid 'rhedag arnynt'. Straeon byrion oeddan nhw ac nid hanes, ond yn defnyddio atgofion fel sylfaen i'r creu. Mae'r un peth yn wir am un o nofelau mwya'r Gymraeg, *Un Nos Ola Leuad*. Roedd yn ymwybodol o'r peryglon fel y dengys y geiriau yma o lythyr i DJ Williams, 1929. Cyfeirio at *Rhigolau Bywyd* y mae, cyffyrddiad ysgafn ond . . .

'Yr wyf wrthi yn ceisio gorffen cyfrol o storïau byrion i'r wasg... Yr wyf wedi stopio ar hanner un wedi cael ofan y bydd pobl Rhosgadfan yn fy rhoi yn jail am eu henllibio!'

Daeth yn amlwg iawn yng ngweithgareddau Plaid Cymru o'i dyddiau cynnar. Rhyddfrydwyr ac wedyn Llafurwyr rhonc oedd y chwarelwyr, wastad yn bwrw sen ar y 'Blaid Bach.' 'Pwy ma hon yn feddwl ydi hi, wedi anghofio'i gwreiddia?' Gwn o brofiad pa mor anodd oedd canfasio ym mhentrefi'r chwareli yn y chwedegau heb sôn am y cyfnod cynnar.

Doedd y straeon am berthynas Morris â Prosser Rhys o ddim cymorth chwaith, yn yr oes honno pan oedd gwrywgydiaeth yn rhywbeth aflan ym meddyliau pobl fwy na pheidio. Byddai hyn yn fêl ar fysedd rhai. Oes yna awgrym o golli mwy na ffrind pennaf yn y geiriau isod a ymddangosodd yn y wasg? Ydi o wahaniaeth erbyn heddiw? Nac anghofiwn gyfraniad Morris i Wasg Gee ac i genedlaetholdeb.

I was shocked to hear of the sudden death of Mr Morris Williams, managing director of Messrs. Gee and Sons, the proprietors of the Baner. His wife is the well known novelist, Kate Roberts. It is not quite a year since the editor of the Baner, Mr Prosser Rhys, died and his death affected Mr Williams very deeply. I remember how he telephoned me to say that Prosser Rhys was dead; it was obvious that he was labouring under deep feeling. As a publisher Mr Williams showed enterprise and vision and did much to keep the flag of Welsh books and papers flying during the war. The deepest sympathy will go out to Mrs Williams in her bereavement.

Llythyr yn y wasg

Fel aml i un a adawodd gartra yn ddeunaw oed i fynd i goleg a gorfod symud i gael gwaith, ni fu Kate byw yn Rhosgadfan wedyn, er iddi ymweld yn rheolaidd tra'r oedd ei rhieni yn fyw. Bu farw John, yr olaf o'i brodyr a chwiorydd yn 1959, ac wedi marwolaeth Richard yn 1953 nid oedd perthnasau agos yno, ac felly mae'n ddealladwy nad ymwelai yn aml. Atgofion trist y colledion ddaeth i'w rhan yn gwneud mynd i Rosgadfan yn boenus. Ond deuai draw yn achlysurol, tybed pa argraff gai ei gweld yn cyrraedd mewn car mawr du a *chauffeur*. Gwraig fawr? Gan na fu erioed yn gyrru car, pa ffordd arall allai wneud y siwrnai heb gymryd hydion?

Mae yna dueddiad i geisio gweld brychau ym mywydau y rhai sy'n llwyddo yn toes. Salwch trist ydi cenfigen. Beth wnaeth hi i Rosgadfan? Ei anfarwoli.

Ei Gwaith Llenyddol

Nid oes terfyn ar gelfyddyd ond gall yr artist unigol greu byd iddo'i hunan, ym mha gyfrwng bynnag y gweithia, byd dychmygol o lefydd, cymeriadau a digwyddiadau, byd ble caiff y dychymyg rwydd hynt, ond byd serch hynny, a all gyd-redeg â byd go-iawn hanes a phrofiadau real. Crefft yr artist a'u gwna'n arbennig. Wrth gyfansoddi gall llenor dawnus greu gweledigaeth a thema, mathau o gymeriadau a delweddau, ond yn codi o ffynnon y cof. Nid tyfu ar hap a damwain wnaeth byd KR ond canlyniad ei gweledigaeth o fywyd, a hwnnw'n deillio o'i phrofiadau. Pan ddaw syniad am stori i ben llenor gall orffen gyda hynny, nes daw syniad arall, digyswllt efallai. Ond os oes gweledigaeth o fywyd tu cefn i'r syniadau, yna daw'r straeon yn llif. Pryd ddeuai'r syniadau? Weithiau yn fwriadus wrth y bwrdd sgwennu, dro arall,

'Rhyfedd fel y medr dyn freuddwydio wrth wneud gwaith llaw. Yr wyf wedi creu miloedd o bethau yn fy mhen wrth wneud gwaith tŷ, creu storïau, ysgrifau, disgrifiadau, darlithiau, dramâu, pob math o bethau ar draws ei gilydd, heb ddim trefn. Nid wyf yn meddwl bod f'ymennydd byth yn cysgu. Ond y maent i gyd wedi mynd ar goll, am nad oedd modd eu rhoi i lawr ar y munud. Peth rhyfedd na buasai rhywun wedi medru dyfeisio ffordd i gofrestru meddyliau rhywun fel y cofrestrir y llais. Buasai o fwy o werth na hollti'r atom.'

Dyddiadur 1955

Byddai dictaffon wedi bod yn handi iddi!

'Mewn un ffordd mae ngorwelion i'n lledu o ganlyniad i ehangu fy mhrofiadau. Profais lawer ar fywyd a dysgais ohono. I ddechrau, gweld ychydig o 'mlaen oeddwn, ond erbyn hyn gallaf weld i'r ochrau hefyd.'

Bu'n awdur cynhyrchiol dros gyfnod o 60 mlynedd. Ceir tri chyfnod a dwy haen i'w gwaith, dau gyfnod prysur o ysgrifennu a bwlch o ddeuddeng mlynedd rhyngddynt.

Y cyfnod cyntaf 1925 – 37

Dechreuodd ymddiddori o ddifri mewn ysgrifennu ar ddechrau'r 1920au, gan gystadlu yn yr Eisteddfod Genedlaethol ac anfon straeon byrion i gylchgronnau. Cyhoeddwyd ei chyfrol gyntaf yn 1925, *O Gors y*

Bryniau. Darlun digalon ar yr olwg gyntaf o fywyd mewn cymuned chwarelyddol yn Arfon yn chwarter olaf y bedwaredd ganrif ar bymtheg a chwarter cyntaf yr ugeinfed ganrif gawn yn y cyfnod yma. Tynnu o'i chefndir a'i phrofiadau yn Rhosgadfan wnaeth am ei deunydd crai. Ysgrifennodd dair stori wedi'i lleoli yng nghymoedd de Cymru yn ystod y cyfnod yma hefyd, yn *Ffair Gaeaf*, eto o'i phrofiadau gan mai yma'r oedd yn byw yn ystod y cyfnod cyntaf o'i llenydda. Wynebu caledi ond yn dangos arwriaeth, yn gwrthod ildio mae ei chymeriadau ar y cyfan, gyda gwerthoedd moesol cadarn yn eu cynnal. Cyhoeddwyd chwe cyfrol dros y blynyddoedd yma, *O Gors y Bryniau, Deian a Loli, Rhigolau Bywyd, Laura Jones, Traed Mewn Cyffion* a *Ffair Gaeaf*. Llyfrau Moeltryfan ydi'r rhain yn anad dim.

Wrth edrych ar domen chwarel – byddaf yn meddwl am y dyn a daflodd y wagenaid gyntaf o rwbel ar lawr – ac am y dynion heddyw – sy'n mynd a'r wagen ar hyd top y domen ac yn taflu ei chynnwys i lawr dros yr ochr. Fe syrthia peth o'r rwbel i lawr i'r gwaelod heb fod yn bell iawn oddiwrth y peth cyntaf a daflwyd – ac felly y byddai fy chwarelwr innau – ni byddai nepell oddiwrth ei hynafiaid a ddechreuodd weithio'r chwarel. Wyddoch chi, Mr Lewis, bydd fy llygaid mor glir ar ambell funud oni allaf weled dan feddyliau a bwriadau calon pob dyn a dynes sydd wedi byw yn ardal fy mebyd, nid er pan gofiaf fi – ond er pan ddaeth y teulu cyntaf i fyw yno erioed, ac mae arnaf eisieu ysgrifennu am eu dyheadau, eu nwydau, eu llawenydd, eu siom, eu tristwch ac yna'r tawelwch mawr yn y diwedd, a'u plant heddyw'n byw ymlaen yr un fath – y rwbel cyntaf wedi myned o'r golwg ar waelod y domen, ond eto mae'n sylfaen i'r domen i gyd, ac ar y gwaelod hwnnw y saif y domen heddyw, a'r hen dwll chwarel yn mynd yn ddyfnach ac yn wacach ac yn ildio ei grombil – beth i fynd i belldremydd byd yn gerrig toi a'r lleuad oer yn disgleirio arnynt ar ôl cawod o law, a pheth yn mynd dros ochr y domen rwbel. Ie dyna fywyd – fel y gwelaf fi ef – a gobeithio na chaf farw cyn ysgrifennu amdano fel yna rywdro.

Annwyl Kate, Annwyl Saunders

Ysgrifenwyd y llythyr at Saunders yn 1928. Daw yn ôl at hyn yn *Traed Mewn Cyffion* 1936, cawn ddisgrifiad o'r Jane Gruffydd ifanc yn edrych ar domen y chwarel o'r Lôn Wen, ac yn ddiweddarach ei mab Owen yn synfyfyrio ar y mynydd.

Yr ail gyfnod 1937 – 49

Cyfnod hesb, ni chyhoeddodd yr un llyfr. Dyma gyfnod cythryblus a phrysur tu hwnt yn ei bywyd. Symudodd hi a'i gŵr, Morris Williams, i Ddinbych yn 1935 pan brynwyd Gwasg Gee ganddynt, a daethant yn gyfrifol am gyhoeddi'r *Faner*, wythnosolyn dylanwadol. Bu farw ei mam yn 1944, dechrau torri'r cysylltiad â Rhosgadfan, a'i gŵr yn 1946 gan ei gadael yn gyfrifol am y Wasg. Y profedigaethau yma'n ail-agor clwyf marwolaeth ei brawd Dei yn 1917.

'Rwyf fel petawn mewn gwagle, yn edrych ar fywyd yn mynd heibio.'

Ond cyffyrddodd y profiadau yma lenor sensitif, galar oedd un o'r prif symbyliadau i'w hysgrifennu, a'r llall oedd ei chariad at ffordd o fyw y chwarelwyr-dyddynwyr ar lethr mynydd. Yn y stori 'Dewis Bywyd' yn *Prynu Dol* 1969, ei phrif gymeriad yw awdur yn cofio profedigaethu mawr ei bywyd, colli ei brawd yn ifanc iawn yn y Rhyfel, colli ei gŵr ym mlodau ei ddyddiau, a brawd arall ychydig wedyn.

The death took place yesterday at his home Cilgwyn, Denbigh, of Councillor Morris T Williams, husband of Kate Roberts, the well known Welsh novelist.

Mr Williams, who was born at Groeslon, Caernarvonshire, 45 years ago, was managing director of Messrs Gee and Sons, printers and publishers, Denbigh.

He had worked as a linotype operator at Caernarvon, Carmarthen, Aberystwyth, Paris, Hull and Tonypandy, and for a short while was on the printing staff of the Western Mail.

He was the general secretary of 1930 National Eisteddfod at Denbigh. Mr Williams was one of the leading members of the Welsh Nationalist party and last November was elected a member of Denbigh Borough Council.

Adroddiad y Wasg

Y trydydd cyfnod 1949 – 81

Mae dylanwad cymdeithas drefol Dinbych ar yr ail haen o'i gwaith. *Stryd y Glep* yn 1949 oedd y gyfrol nesa i'w chyhoeddi. Dywed KR i'w gwaith ddilyn llwybr gwahanol o hyn ymlaen. Mae'n wir bod rhai straeon yn ymwneud â bywyd yr Arfon chwarelyddol, ond ar y cyfan cânt eu lleoli mewn cartrefi trefol fel yn Ninbych ble'r oedd yn byw ers 1935. Digon o amser i sylwi. Fel y tueddai ei gwaith cynnar i edrych yn ôl, edrych ymlaen wna bellach fwy na pheidio. Ond dychwelodd i Foeltryfan yn *Te yn y Grug* a'r *Lôn Wen* ac mewn ambell stori yma ac acw yn ei chyfrolau diweddarach. Dyma gyfrolau'r cyfnod yma, *Stryd y Glep, Y Byw sy'n Cysgu, Te yn y Grug, Y Lôn Wen, Tywyll Heno, Hyn o Fyd, Tegwch y Bore, Prynu Dol, Gobaith a storiau eraill,Yr Wylan Deg, Haul a Drycin*.

'Fedr neb gau adwyon wedi i cau unwath ym myd pobl beth bynnag.'

O Gors y Bryniau

Dyna gyfnodau ei lafur llenyddol. Gellir hefyd rannu ei bywyd yn dri cyfnod o ran lleoliad, a hyn eto wedi dylanwadu ar ei hysgrifennu. Gwn ei bod yn beryg gor-gategoreiddio a gosod gwaith a bywyd llenor mewn bwndeli bach taclus.

Cyfnod Arfon 1891 – 1915 24 mlynedd.
'Yma y treuliais fy holl blentyndod, yr amser dyfnaf ei argraff ar fywyd pawb.'

Ei phlentyndod yn Rhosgadfan, pentref chwarelyddol ar lethrau Moeltryfan, ar gwr gogleddol ardal chwareli Dyffryn Nantlle; ei thymor yn fyfyrwraig yng Ngholeg y Brifysgol Bangor o 1910 – 13, graddio yn y Gymraeg a chael Tystysgrif Athrawes; blwyddyn yn athrawes yn Ysgol Dolbadarn, Llanberis, ardal chwarelyddol arall. Magwraeth ar dyddyn, yn rhan o'r ddeuoliaeth unigryw o berthyn i ddiwydiant trwm a byd amaeth, mewn cymdeithas uniaith Gymraeg. Roedd blynyddoedd coleg yn bwysig, heblaw am yr addysg. Dyma gyfle i ehangu gorwelion, i gymysgu efo cyfoedion o rannau eraill o Gymru a thu hwnt, i rannu profiadau. Daeth i sylweddoli pa mor gyfyng fu byd y chwarelwyr a'u teuluoedd, yn ddaearyddol beth bynnag.

Cerddodd at y gamfa a mynd drosti i gael golwg ar y cwm lle'r oedd yr afon yn un llinyn llwyd difywyd fel petai wedi stopio rhedeg. Yr oedd yn filan wrth y cwm hwn pan ddarganfu ef gyntaf. Yr oedd hi wedi meddwl nad oedd dim yn y byd ond ei mynydd hi, y pentref a'r môr o'i flaen cyn belled ag y gallai weled. Siom iddi oedd gweld bod llefydd eraill yn bod. Eisteddodd wedyn, tynnu ei hesgidiau a'i sanau a rhoi ei thraed ar fwsog gwlyb.

Dychwelyd, Gobaith

Yr oedd y mynydd yntau'n broblem i Ddeian. Weithiau edrychai fel hen ŵr mawr, ei wyneb yn lân, ar ôl cawod o law, cap nos gwyn am ei ben ar ôl cawod o eira, a barf lwyd ganddo pan basiai niwl ar ei draws. Rhyw hen greadur mawr oedd y mynydd yma, a safai fel plisman rhyngddynt a lleoedd eraill. Ac yn wir, ni wyddai Elin Jôs yn iawn pa le oedd tu hwnt i'r mynydd hwnnw. Dywedodd ar antur rywdro wrth y plant hynaf mai'r ffordd honno yr oedd Llundain. Ond wedyn, nid oedd Elin Jôs fawr o giamstar ar geograffi. Pan feddyliai Deian am rywun mawr, am y mynydd y meddyliai; a dyna'r rheswm iddo un diwrnod redeg i ddrws y beudy at ei fam, a gofyn: "Ydi Iesu Grist yn fwy na Mynydd y Llus, Mami?"

Deian a Loli

Cyfnod Morgannwg 1915 – 1935 20 mlynedd.
Athrawes Gymraeg yn Ysgol Sir Ystalyfera 1915 -17; athrawes Gymraeg yn Ysgol Sir y Merched, Aberdâr 1917-28, cyfnod sylweddol; priodi Morris T Williams o'r Groeslon yn 1928 ac yn dilyn trefn yr amserau rhoi'r gorau iddi fel athrawes a symud i fyw i Rhiwbeina, Caerdydd 1928 -31, a Thonypandy, 1931 – 35, ble bu Morris yn gyfrifol am argraffdy. Treuliodd 14 mlynedd yn athrawes, a llawer yn tystio i'w dylanwad. Yn byw yng nghymunedau dwyieithog glofaol dosbarth gweithiol y Cymoedd ar adeg anodd y Dirwasgiad, yma eto yn methu dianc o'r traed mewn cyffion. Roedd cymhariaethau â bywyd pentref chwarelyddol Rhosgadfan yn anorfod. Cyfnod byr, gwahanol, mewn cymuned ddinesig dosbarth canol oedd ei blynyddoedd olaf yn Ne Cymru.

Mae ugain mlynedd yn dalp go lew o oes unrhyw un, a da cofio hynny, mae tueisdd i'w chysylltu â Rhosgadfan a Dinbych yn unig. Aeth i'r De yn ferch ifanc 24 oed, roedd yn ganol oed, 44, yn symud i Ddinbych.

Gwelodd hi'r pryd hwnnw ym Morgannwg fywyd y gweithwyr ar ei waethaf, yn ystod y Dirwasgiad Mawr rhwng y Ddau Ryfel Byd, a rhyw ddeg ar hugain y cant o'r bobl allan o waith. A bwriodd ei hunan, hi a'i phriod mentrus, selog i ganol y frwydr i geisio gwneud y gorau o'r gwaethaf. Dyma hefyd gyfnod cynnar y Blaid Genedlaethol, ac ymdrechion glew y dyrnaid bach hynny o aelodau . . .

Codi'r Faner DJ

Cyfnod Dinbych 1935 – 1985 50 mlynedd
Symudwyd i Ddinbych yn dilyn eu penderfyniad mentrus i brynu Gwasg Gee, cyfnod eithriadol brysur yn rhedeg y cwmni a datblygu'r *Faner*. Bu

farw Morris yn 1946 a bu KR yn gyfrifol am y busnes tan 1956 pan ymddeolodd o'i gwaith yn swyddfa'r *Faner*, ond nid o gyfrannu iddo. Treuliodd y rhan fwyaf o'i hoes faith yn Ninbych, cyhoeddwyd dwy ran o dair o'i chyfrolau dros y cyfnod yma. Ond parhai i sugno maeth o'i gwreiddiau gwydn, gallai ddychwelyd i'r llethrau a'r cartrefi unrhyw bryd a fynnai. Bu'n weddw am 39 mlynedd, heb blant, does ryfedd i unigrwydd fod yn thema gyson ganddi. Cymdeithas heb yr un ymlyniad wrth safonau moesol Anghydffuriaeth Moeltryfan oedd yn swbwrbia Dinbych. Cymdeithas ddwyieithog, gyda rhai oedd yn gallu siarad Cymraeg yn dewis peidio, peth diarth ac anodd ei dderbyn iddi. Mwy o unigolion, heb yr un teimlad o berthyn i gymdeithas, heb yr un cyfeiriad i fywyd yn aml. Gweld dirywiad yn safon Cymraeg llafar. Gellid dweud yr un peth am sawl tref dros y cyfnod yma, nid Dinbych oedd ar fai ond datod clymau cymdeithas yn gyffredinol. Doedd dim amser nac ynni i fod yn niwrotig ar dyddyn chwarelwr ers talwm.

Ysgrifennodd yn gyson er ei phrysurdeb gyda'r *Faner*, yna ysgrifennodd yn ei hunigrwydd, os oedd ganddi rywbeth i'w ddweud roedd yn rhaid sgwennu. Er hynny gallai pethau fynd yn drech na hi weithia.

Nid wyf am ysgrifennu dim am amser maith eto – fe flinais gymaint wrth ysgrifennu hwn (*Y Lôn Wen 1960*) – bu'n dreth ofnadwy arnaf. Yn wir, oni bai am dabledi a gefais gan y meddyg, ni wn sut y buaswn wedi ei sgrifennu. Mae'n wahanol arnaf fi i'r hyn yw hi ar unrhyw ddyn sy'n sgrifennu, rhaid i mi wneud gwaith tŷ a pharatoi bwyd. Byddai'n hwyr ar y dydd arnaf yn dechrau ysgrifennu a chario ymlaen hyd tua 1.30 am, nes wyf fel cwningen wedi hanner ei blingo.

Annwyl DJ

Ei chrefft

Dibynodd KR yn helaeth ar ei chof wrth greu ei storïau. Ei ddull o ail wampio atgofion sy'n gwneud llenor creadigol, dyna'r ffin rhwng hanes a dychymyg llenyddol. Creodd gymeriadau synhwyrus oedd yn gymysgedd o'r bobl a gofiai, a godai o'r tudalennau i gerdded o'ch blaen. Mae ei disgrifiadau yn hynod graff, yn fanylion gwisg neu ddodrefnyn, yn ddyddiadau a lleoliadau, yn ddylanwadau ar gymdeithas, nes creu defnydd crai gwych i'r hanesydd geisio dehongli bywyd cyfnod mewn man arbennig. Mae'r dyfyniadau o'i gwaith yn greiddiol i'r dehongliad o hanes yr ardal gennym yn y Ganolfan Dreftadaeth. Mae nofel fel *Traed Mewn Cyffion* yn

EGLURHAD AR RAI GEIRIAU AC YMADRODDION LLEOL

1

timpan: pad a wisgid i daflu'r sgert allan.
cael gwasgfa: ffeintio.
barclod: ffedog.
o dow i dow: yn araf.
ffustiou: dillad chwarelwr wrth ei waith, trywsus melfaréd a chôt liain.
bron dropio: bron dyfod â llo.
sleifio: dyfod yn slei.

II

torri'r garw: yma, ei ystyr yw "dyfod i gydnabyddiaeth â."
atrilio: rhoi rhywbeth mewn dŵr heb ddim sebon (to rinse).
barclod bras: ffedog sach.
ar ei gorn: ar ei draul.
bod ar ei liwt ei hun: bod yn hunan-ddibynnol.

III

picio am dro: rhedeg am dro.
siôl fechyn: siôl bach.
gluod: tail gwartheg wedi sychu.
yssachu: siarad am rywun yn ei gefn.
preplyd: siaradus yn yr ystyr o ateb yn ôl.

IV

bustachu: ymdrechu.
coits bach: perambulator.
caerog: deunydd caerog yw deunydd a rib ynddo. Calico caerog yw "twill."
gwaith edau a nodwydd: embroidery.
hawl: arian a fenthycir.

VI

ewach: rhywun o gorff bychan, eiddil.
bwa blewog: ffwr.
ar led-tro: ar hanner tro.
coban: gwn nos.

194

VIII

slewtan: bonclust.
melfaréd: corduroy.
graglus: llus bychain chwerw a dyf yng nghanol grug.

VIII

llochio dy gylchau: dangos tymer.
cael araff: cael rhyw afael ar rywun; cael rhywbeth yn erbyn rhywun.
dangos y bonc: ei droi o'i waith. Y bonc yw'r rhan o'r chwarel y tu allan i'r twll.
gwae a mew: yn gyfeillgar.
rhyw fydan (bydan ..Bnosog o "byd") : trafferth.
bwrw drwyddi: dweud y drefn.

IX

ty moel: ty heb dir i'w ganlyn.
gwneud siapri: talu sylw.
cyrsiban: term o ddirmyg.
lariah: balch, ffroenuchel.

X

stolcio: sefyll yn ddiog.
dili-do: rhyw greadur bach ysgafn, bas, di-asgwrn-cefn.

XI

gosod: pensu'r pris a delir am weithio.
bargen: mesur o graig yn nhwll y chwarel a osodir i'r dynion weithio arni.
marciwr cerrig: archwiliwr cerrig.
ffawt: bai.
rybela: dull o weithio yn y chwarel pan fo dyn yn dibynnu ar gruill am ei gerrig.
jeruus: dyn yn gweithio wrth y dydd i griw.
criw: nifer o ddynion yn cydweithio â'i gilydd yn y chwarel ac yn rhannu cyflog.
codi arian: cael "mortgage."
ymlafnio a lardio: rhoi straen fawr ar y corff.

XII

cipio ag ei chyrn: ffromi, dwend rhywbeth cas.
stilio: holi'n fanwl.
lliain sychu: towel.
offrwm: arfer rhai nedaloedd yn 8ir Gaernarfon yw cynnyrd arian ar ddiwrnod angladd.

XIV

swper chwarel: y pryd bwyd a gaiff chwarelwr wedi cyrraedd gartref o'i waith.

195

gallu cynnig dehongliad o hanes ardal ddylai fod wrth fodd yr hanesydd.

Nid yw'n rhoi enwau iawn y llefydd sydd yn ei straeon a'i nofelau ond hawdd gweld ble sydd ganddi mewn golwg. Moel y Fantro yw Moeltryfan, Llyn Llyncwel yw Llyn Cwellyn, Mynydd Llus yw Mynydd Mawr neu Fynydd Grug yn lleol. Gallaf weld cartref Nanw Siôn yn Nhal-y-braich neu Maenllwyd, Brynffynnon neu Gae'r Gors yw cartrefi teuluoedd y straeon, gallaf weld ble bu'r te yn y grug ar lethr Moel Smytho a ble bu Deian a Loli yn cysgu wedi dianc i'r mynydd.

Defnyddiodd ei hetifeddiaeth o huotledd a gwybodaeth lenyddol, y cwmni gwâr ar aelwyd gysurus mewn cymdeithas glos, ei hadnabyddiaeth o'r bobl â sylfaen fel y graig i'w Chymraeg, pobl dlawd yn faterol ond cyhyrog eu heneidiau. Mewn cyferbyniad, cymdeithas fwy faterol, ddi-hid, tlotach o beth mwtral eu Cymraeg a brofodd yn Ninbych, ffactor a ddatblygai yn gyffredin i lawer tref dros y 1950au a'r 60au.

Defnyddia dafodiaith ei hardal enedigol yn gyson, nifer o'r geiriau a'r ymadroddion yn ddieithr iawn i'r rhan fwyaf ohonom erbyn heddiw.

106

Roeddwn i'n gyfarwydd â chlywed y rhan fwyaf ohonynt yn ystod fy ieuenctid yn yr un ardal. Arwydd o wendid iaith yw bod llai neu ddim defnydd o amryw ohonynt erbyn heddiw. Beirniadwyd hi am eu defnyddio gan rai. Ei chyfiawnhad oedd mai felly y siaradai'r cymeriadau ddoi i'w meddwl wrth ysgrifennu. Cynhwysir rhestr ganddi, 'Eglurhad ar rai geiriau ac ymadroddion lleol' yn nhri o'i llyfrau cynnar, *Deian a Loli, Laura Jones* a *Traed Mewn Cyffion*.

Nid tafodiaith ardal gyfyng oedd hi, mae'n wir bod rhai geiriau'n deillio o waith y chwarel, ond ceir geiriau Arfon, ac yn wir nifer ohonynt yn deillio o Lŷn fel y dangosodd ymchwil John Emyr.

'I brofi hyn cafwyd sgwrs â gwraig sydd yn byw yn Llŷn a chael bod cyfran helaeth o'r geiriau a gynigwyd iddi o waith Kate Roberts yn rhan o'i thafodiaith hithau.'

Enaid Clwyfus

Nid rhyfedd dylanwad iaith Llŷn o ystyried mai oddi yno y daeth mwyafrif y rhai gododd dyddynnod Moeltryfan (gw. Mewnfudo i'r Ardal). Mae ei gwaith yn llawn o frawddegau bachog, brawddegau i gnoi cil arnynt. Cymaint ellir ei ddweud mewn brawddeg gwta. Mae bywyd ardal yma yn ei holl agweddau, ac ymateb llenor synhwyrus. Dyma 'chydig friwsion i aros pryd.

Pobl yn ymladd yn erbyn tlodi oedd pobl fy nghyfnod i.
Gwrol yn eu gallu i ddioddef oeddynt ac nid yn eu gallu i wneud dim yn erbyn achos eu dioddef.
Ni cheir cymwynasgarwch heb fod angen amdano.
Byddaf yn meddwl weithiau nad oes llawer i'w atgofio ar ôl ein plentyndod.
Pan wnâi fy nhad ryw waith o gwmpas y tŷ neu'r caeau, fe'i gwnâi ar gyfer y ganrif nesaf, gan mor solet y byddai.
Ni welsom erioed gyfoeth, ond cawsom gyfoeth na all neb ei ddwyn oddi arnom, cyfoeth iaith a diwylliant.
Mae aelwyd gynnes a bwrdd siriol yn ein haros.
Digwyddiasai popeth pwysig i mi cyn 1917, popeth dwfn ei argraff.
Hiraeth ofnadwy ydi hiraeth mam ar ôl plentyn sugno.
Fedar neb ail agor adwyon wedi i cau unwaith ym myd pobl beth bynnag.
Meri Lloyd bach, mae'n rhaid i betha fel hyn ddigwydd, a rhaid i ni i diodda nhw.

Yr unig ffordd i gadw amser yw i amser ei hun stopio.

Amhosibl byw efo'r rhan fwyaf o'r ddynolryw.

Taw, 'machgan i, mi eith y 'Dolig heibio fel pob dim arall. 'Dydi amsar diodda nag amsar petha braf ddim yn para'n hir.

Fe ellid siarad am y marw wrth ei wraig, ond ni ellid siarad am y byw a adawsai ei wraig.

Pobl ddwl sy'n rheoli mewn byd ac eglwys heddiw.

Mae'n amhosibl dweud yn hollol yr hyn sydd ar ein meddwl ni, neu mi fyddai'r byd yn bendramwnwgl bob hyn-a-hyn. Ar ragrith y sylfeinir cymdeithas.

Peth braf yw bod yn ddi-sôn-amdanoch, fel y byddai fy nhad yn arfer dweud.

Ni ellir ein gwella, o'n plentyndod nac o'n hieuenctid ychwaith.

Nid oes dim fel y bu, gallwn ddweud hynny bob amser.

Straeon byrion neu nofelau? Gall fod yn anodd dosbarthu ei llyfrau, pa un ai stori fer, stori fer hir, stori hir fer neu nofel ydi rhai. Casgliad o straeon byrion ydi *Te yn y Grug* ar yr olwg gynta, ond ceir rhediad a chysylltiad rhyngddynt. Mae datblygiad, yn dilyn trefn amser, i'r prif gymeriad Begw drwyddynt, ac onid dyna'r undod sy'n creu nofel?

Doedd y stori fer ddim yn ffurf boblogaidd pan ddechreuodd KR ysgrifennu. Erbyn dechrau'r 1920au ychydig oedd wedi rhoi cynnig arni, rhai fel RG Berry, Tegla Davies, Moelona, JJ Williams, R Dewi Williams. Yr un amlyca, ac yn enwedig i KR, oedd Richard Hughes Williams (Dic Tryfan) oedd â'i gartref o fewn canllath i Gae'r Gors. Gan ei fod tuag ugain mlynedd yn hŷn na hi roedd wedi dechrau sgrifennu pan oedd Kate yn dal yn yr ysgol. Bu'r ddau'n trin a thrafod y stori fer cyn i KR ei hun ddechrau ysgrifennu o ddifri felly.

Yn sicr KR ddaeth â'r ffurf lenyddol yma i ganol llenyddiaeth Gymraeg. Cyn mentro ei hunan darllenodd weithiau eraill, heb gyfyngu ei hun i Gymru, astudiodd y ffurf yn fanwl, beirniadodd, a thorrodd ei chwys ei hun. Erbyn diwedd ei gyrfa lenyddol faith roedd wedi ysgrifennu mwy o straeon byrion nag unrhyw awdur Cymraeg arall. Yn bendant roedd y stori fer yn benthyg ei hunan i'w math hi o ddychymyg. Ymhlith rhychwant yr awduron y darllenasai eu gwaith ac y cyfeiria atynt, heblaw am awduron yn yr iaith Gymraeg, mae Joyce, Berchkiotseff, Virginia Woolf, George Eliot, Jane Austen, Katherine Mansfield, Chekov, Camus, Flaubert, Dostoyevsky, Emily Brontë, a Thomas Hardy – pobl oedd 'yn dweud meddwl rhywun'.

Dywedodd TH Parry – Williams mai 'llacio tyndra'r caethiwed sydd dan fy mron' yw llenyddiaeth. Mae'r gosodiad yn arbennig o wir am KR, tystiodd mai colli ei brawd Dei yn y Rhyfel Mawr a'i sbardunodd i sgrifennu, 'methu deall pethau a gorfod sgrifennu rhag mygu'. Yr un modd yn dilyn profedigaethau ddaeth i'w rhan yn y 1940au a'r 50au. Rhyw therapi creadigol ydyw sgrifennu iddi.

Pwy well i sôn am ei gwaith nag un oedd yn ei nabod mor dda, un oedd wedi astudio ei gwaith fwy na neb, oedd yn cyfeirio at ei gwaith byth a beunydd yn ei ddarlithiau? Mae John Gwilym Jones yn trafod *Te yn y Grug* yma.

'Y mae'r stori yn drawsdoriad o dair agwedd ar gymdeithas milltir sgwâr KR yn Rhosgadfan, ond fel pob gwaith o gelfyddyd, yn ei gyffredinoli ei hun i fod yn drawsdoriad o unrhyw gymdeithas lle bynnag y mae. Ceir yn gyntaf deulu'r gweinidog, pobl sy'n gaethion i gonfensiynau sy'n cyfyngu ar eu bywydau, yn eu gwneud yn grach-wareiddiedig a'u gorfodi i fyw bywyd hunan-fwriadol snobaidd. I'r gwrthwyneb hollol ceir Winni Ffinni Hadog sy'n dalp o gyntefigrwydd, yn fras ei thafod, ac yn ysglyfaeth hollol i aflywodraeth greddfau. Rhyngddynt daw teulu Begw, y norm sy'n gyfuniad o'r ddau eithaf hyn. Er nad yw'r capel yn rhan ganolog o'u bywyd, mae'n amlwg eu bod yn dilyn yr arfer – y confensiwn, os mynner – o'i fynychu. Mae mam Begw yn ddigon parchus â'r gweinidog ac mae Eisteddfod yn sefydliad i'w anrhydeddu. Ond mae dogn digon da o ffyrnigrwydd cyntefig Winni yn nhafod mam Begw. Mae wedi ei gaboli gan gefndir o ddarllen a meddwl bywiog, ond oherwydd deallusrwydd naturiol, yn fwy didostur na Winni.

Y symbol pwysicaf yn y llyfr i gyd yw Winni Ffinni Hadog. Mae'n ffyrnig, gwrs ei lleferydd. . . mae'n glos wrth natur. Y gorlifo cyntefig hwn sy'n creu. Mae'n rhaid ei ddisgyblu, wrth gwrs, ond cyntefigrwydd wrth raff yw pob llenyddiaeth. Mae'r llenor posibl yn Begw – a KR ei hun ydyw yn y bôn - yn cydnabod hyn, pan yw'n ffoli ar Winni Ffinni Hadog. Mae'n sylweddoli hefyd y geill o'i orddisgyblu, o'i ffrwyno'n rhy gaeth, golli ei rin a'i werth a'i egni creadigol. Dyma eironi mwyaf creulon y llyfr, y dadrithiad mwyaf brwnt – gweld caredigrwydd ei mam a'i synnwyr cyfrifoldeb (rhinweddau gwareiddiad, 'does dim dwywaith), gweld y geill y rhinweddau hyn ddinistrio naturioldeb wrth ei ffitio i rigolau derbyniol cymdeithas.

Mae *Te yn y Grug* yn fan cychwyn digymar i adnabod KR. Mae'n cynnwys popeth sy'n ei amlygu ei hun mewn lluniau gwahanol yn ei holl weithiau – ei sylwgarwch manwl, ei synwyrusrwydd miniog unigol, ei dawn i ddweud stori sy'n datblygu'n rhesymegol, ei champ yn llunio personoliaethau sy'n unigolion ac eto'n deipiau o'r cyffredinol, ei medr i orfodi cyfyngder milltir sgwâr i gynnwys ehangder teimladau byd cyfan, ei chydymdeimlad a'i goddefgarwch wedi eu lefeinio â phigau drain ei beirniadaeth. A'r cwbl efo'i gilydd yn crasu torthau sy'n fara bywyd ei hadnabyddiaeth o'r byd a'r bywyd hwn fel ymdrech feunyddiol yn erbyn anawsterau a phoen a dadrithio, ond ar waethaf y cwbl gyda'r gobaith greddfol ym mlawd y ddynoliaeth. Iddi hi mae i bob heddiw briw ei obaith am yfory braf.'

John Gwilym Jones, Crefft y Llenor

Yn sicr roedd 'na bobl 'grach–wareiddiedig', oedd yn tybio bod cadw wyneb yn bwysicach na dweud eich dweud doed a ddelo. Ydi gwaith llenor yn mynd yn hen ffasiwn? Un o eiriau mawr JGJ wrth drafod crefft y llenor oedd 'cyffredinolrwydd', y modd o droi digwyddiadau a gosodiadau cyffredin yn fwy arwyddocaol, yn cwmpasu dynoliaeth. Oherwydd iddi feddu'r ddawn yma y mae ei gwaith yn berthnasol heddiw ac y bydd i'r dyfodol. Dyma sydd gan Doris Lessing, enillydd Gwobr Nobel Llenyddiaeth 2007, i'w ddweud.

Writing about oneself, one is writing about others, since your problems, pains, pleasures, emotions – and your extraordinary and remarkable ideas – can't be yours alone. The way to deal with the problem of 'subjectivity', that shocking business of being preoccupied with the tiny individual who is at the same time caught up in such an explosion of terrible and marvellous possibilities, is to see him as a microcosm and in this way to break through the personal, the subjective, making the personal general, as indeed life always does, transforming a private experience – into something much larger.

Themâu yn ei gwaith

Amlygwyd **rhaniadau o fewn y gymdeithas** a ddatblygodd wedi twf sydyn y boblogaeth yn dilyn ehangu y diwydiant llechi. Nid yn gymaint raniadau dosbarth pendant, oedd yn llawer amlycach yn ardaloedd Bethesda a Llanberis yn sgil dylanwad eithriadol gryf stadau'r Penrhyn a'r Faenol. Nifer o fân stadau a geid yn Nyffryn Nantlle, heb fod mor ddylanwadol, ac yn ogystal roedd cyfran uwch o lawer o'r tyddynwyr yn berchen ar eu cartrefi ac felly heb fod yn llwyr dan fawd y tirfeddianwyr. Rhaniadau o fewn y dosbarth gweithiol a fodolai, gyda'r ychydig yn dringo'n obeithiol tua'r dosbarth canol, eraill yn suddo i gors anobaith. Ceid stiwardiad a pherchnogion chwareli, gweinidog ac ysgolfeistr, a siopwyr yn y man canol yma.

Yr enghraifft glasurol yw'r tri phlentyn a'u teuluoedd yn *Te yn y Grug*, ble mae teulu Winni yn giaridyms, ddim uwch na baw sawdl; teulu Mair, merch y gweinidog yn 'barchus'; a theulu Begw yn y canol, pobl 'agos i'w lle'. Credai mam Begw, fodd bynnag, bod eu teulu nhw yn well na'r lleill i gyd! Mae'r plant yn cyrraedd adra o'r te yn y grug.

'Mi ddylid rhoi'r Winni yna dan glo yn rhwla', meddai Mrs Huws, 'mae hi'n rhy hen i hoed o lawar, 'dydy hi'n ddim ffit i fod ymysg plant.'

'Ella na fasa'n plant ninna fawr gwell petaen' nhw wedi'u magu yr un fath â hi, Mrs Huws. Chafodd yr hogan 'rioed siawns efo'r fath dad, 'roedd i mam hi'n ddynas iawn.'

'H-m' meddai Mrs Huws, 'ciari-dyms ydy'r lot ohonyn' nhw. Tebyg at i debyg.'

'Mi ddylach chi o bawb wybod, Mrs Huws,' meddai mam Begw gyda'i phwyslais gorau, 'mai gras Duw a'ch gyrrodd chi i ffynhonnau Trefriw a chwarfod Mr Huws, ac nid Twm Ffinni Hadog.'

Yna cymerodd afael yn llaw Begw a'i thynnu trwy'r llidiart, a meddai hi wrth Robin pan droai Mrs Huws a Mair at eu tŷ hwy;

'Well iti ddiolch i Mrs Huws am gael y fraint o achub Mair o grafanga merch Twm Ffinni Hadog.'

A chaewyd drysau'r ddau dŷ.

Mae **dioddef a'r ymdrech i fyw** yn thema gyson, ac nid rhyfedd hynny gan mai ymdrech galed i rygnu byw oedd eiddo'r chwarelwyr a'u teuluoedd, fel yr awgryma teitlau tair o'i chyfrolau cynnar, *O Gors y Bryniau*, 1926, *Rhigolau Bywyd*, 1929, a *Traed Mewn Cyffion*, 1936. Mae ei chymeriadau'n sylweddoli bod rhaid wynebu yfory, nad yw'r frwydr ar ben, mae'r teulu i'w gynnal. Bywyd caled, gorfod plygu ond ddim yn ildio, yn obeithiol am ddyfodol gwell. Nid tristwch o angenrhaid yw sôn am ddioddef. Peth trist yw bod dyn yn disgyn dan ei ddioddef, ond yn hytrach arwriaeth yw sôn am bobl sy'n mynd i ddyfnderoedd dioddef, ac fel ffenics yn codi'n hyderus i ail wynebu bywyd.

Enghreifftiau o hyn yw Jane Gruffydd yn *Traed Mewn Cyffion*, Ffebi yn

Stryd y Glep, Bet yn *Tywyll Heno* a Lora Ffennig yn *Y Byw sy'n Cysgu*, yr oll gyda mwy na'u siâr o dreialon ond heb eu torri'n llwyr ganddynt. Mae yna ryw styfnigrwydd a gobaith tragwyddol yn ddwfn yn eu personoliaethau, hyn yn fwy na chred grefyddol gref o bosib.

'Be fasa pe tasa 'na ddim, dim nacw (gan bwyntio at yr awyr), na dim o gwbl, na ninnau chwaith?'
   'Mi fasa'n braf iawn, 'y machgen i,' oedd ei hunig ateb (Jane Gruffydd).
Traed Mewn Cyffion

'Eisteddai ei gŵr wrth y tân yn darllen, mor gysurus ag y byddai wrth y tân yn yr hen dŷ. Anodd oedd meddwl nad oedd ond pum awr er pan orffenasant fudo a rhoi'r dodrefn yn eu lle . . . Ni olygai'r mudo lawer iddo ef. Yr oedd yn dda ganddo adael y tyddyn a'i waith. Nid felly hi. O'r dydd y penderfynasant adael, aethai hi drwy wahanol brofiadau o hiraeth a digalondid ac o lawenydd. Y llawenydd hwnnw oedd achos pwysigrwydd y noson hon. Am y tro cyntaf yn ei hoes briodasol fe gâi orffen talu ei bil siop . . .
   Am yr hanner canrif o'r cerdded hwnnw y meddyliai Ffanni Rolant wrth daro ei throed ar y ffordd galed. Ni fethodd wythnos erioed ond wythnos geni ei phlant, bob rhyw ddwy flynedd o hyd. Fe fu'n mynd trwy rew a lluwch eira, gwynt a glaw, gwres a hindda . . .
   'Mae'n debyg na ddo' i ddim i lawr eto,' meddai hi.
Y Taliad Olaf, *Ffair Gaeaf*

Y **merched yw'r prif gymeriadau**, a'r rhai cryfaf drwy gydol ei gwaith. Y nhw sy'n gyfrifol am gadw tŷ a thyddyn o ddydd i ddydd, nhw sy'n cadw'r pwrs, nhw sy'n gwneud y penderfyniadau o bwys yn aml. Y tu allan i gyfyngder y cartref fodd bynnag, y gwŷr oedd arweinyddion cymdeithas. Roedd ei mam a'i neiniau yn gymeriadau cryfion ac yn ddios etifeddodd KR eu rhinweddau. Mae Jane Gruffydd yn gymysgedd o'r dair o bosib. Roedd gwaith y chwarel yn galed, ond roedd y gwragedd yn gweithio'r un mor galed, a'u horiau gwaith yn hirach. Codi i gynnau tân a pharatoi brecwast a llenwi'r bocs bwyd cyn i'w gŵr godi o bosib. Byddai rhywbeth yn galw yn y tŷ neu tu allan o fore gwyn tan nos, a gwnïo neu weu yn ei chadw'n ddiwyd tan adeg noswylio. Ychwanegwch at hyn roi genedigaeth bob yn ail flwyddyn a magu llond tŷ o blant.
   Rhoir sylw i'r grefft o sgwrsio a dadlau, o geisio bod yn drech mewn

dadl, yn arbennig ymysg y merched. Ceir dewis gofalus, cynnil o eiriau, rhai diniwed ar yr olwg gyntaf arwynebol, ond rhai gydag islais awgrymog. Cawn ddeialogau felly yn frith drwy *Traed mewn Cyffion*, *Te yn y Grug*, *O Gors y Bryniau*, ymysg eraill.

Anaml y bydddem ni yn tewi â siarad ar yr aelwyd, a chredaf, os rhoed imi unrhyw ddawn i greu deialog mewn stori, mai dysgu a wneuthum ar yr aelwyd gartref, a mam fyddai'r prif siaradwr.

Y Lôn Wen

Meddyliai tybed a gâi hi rywdro ddyfod i'r dre a'r arian yn ei phoced yn fwy na'i hangenrheidiau. Câi, fe gâi. Fe ddôi Owen i ennill, fe ddôi Twm i ennill. Fe gaent gyflog da; fe gâi hithau dalu ei dyledion a chael prynu tipyn o foethau wedyn.

Traed Mewn Cyffion

Byd plant
Ym mhennod gyntaf *Y Lôn Wen* 1960 ceir ei hatgofion o'i phlentyndod, darnau byrion ond manwl eu sylwgarwch. Dau lyfr a ysgrifennodd KR yn arbennig am blant, *Deian a Loli* 1927 a *Te yn y Grug* 1959; yn *Laura Jones* 1930 mae'r Loli hŷn yn mynd i weini ac yn tyfu'n Laura. Ceir wedyn fwy o straeon am Winni, cymeriad bythgofiadwy *Te yn y Grug*, yn ferch ifanc yn ei chyfrol olaf, *Haul a Drycin* 1981. Gwelir felly iddi ysgrifennu am blant dros gyfnod maith, ac er bod ei phlentyndod hi'n pellhau doedd yr atgofion ddim yn pylu. Medddai ar gof eithriadol.

Mae gan ei phlant y rhyddid i grwydro, yn rhydd o ofalon pobl mewn oed. Llwyddodd i dreiddio i fyd plant yn ei phortreadau synhwyrus, maent yn fyw, yn llawn teimladau. Tydi'r straeon ddim wedi dyddio, yr un yw dyheadau, rhwystredigaethau, siomedigaethau a llawenydd plant pob oes. Gobeithio. O deuluoedd gweddol dlawd y daw ei phlant, a chwlwm teulu a chymuned yn eu gwarchod. Maent yn berffaith gartrefol yn eu cynefin, y rhan fwyaf ohonynt, ac yn magu gwreiddiau. Peth iach yw bod rhai fel Winni yn breuddwydio am ddianc. Mae'n debyg bod pob awdur yn gadael peth ohono'i hun mewn rhai cymeriadau, fel Begw yn *Te yn y Grug* yn achos KR. Mae'n sicr yn gallu mynd i fyd plant. 'Mae afon bach y Foty wedi marw,' meddai Begw. 'Clyw, 'does yna ddim sŵn.'

Ond yr oedd twll bach yn y rhew yn uwch i fyny, a mynnodd Rhys gael symud ei grafat a rhoi ei glust arno.

'Na, mae 'i chalon hi'n curo yn ddistaw bach,' meddai, gan feddwl cryn dipyn ohono'i hun am allu myned i fyd Begw.

Nadolig y Cerdyn, *Te yn y Grug*

'Mi liciwn i fynd i ben y mynydd acw,' ebe Deian, gan bwyntio i gyfeiriad Mynydd y Llus.

'Ol reit, mi awn ni 'rwan 'ta,' ebe Loli, gan godi i gychwyn.

'Naci,' ebe Deian, 'mae'n rhaid i ni weitiad nes daw na gymyla gwyn neis yn yr awyr.'

'Pam?'

'Er mwyn inni gael twtsiad yn llaw ynyn nhw ar ben y mynydd,' ebe Deian.

Pan fyddai'r awyr yn las a chlir, a chymylau gwynion mawr ynddo, yr oedd pob cwmwl yn rhywbeth heblaw cwmwl i Ddeian. Yr oedd yn llew weithiau – llew gwyn bid sicr – ac yn eliffant y tro arall – eliffant gwyn eto. Ar brydiau byddai'n hen ŵr, a thro arall yn ferch ifanc hardd.

Deian a Loli

Mae Owen wedi ennill arian yn y Cwarfod Plant ac yn cyrraedd adra'n falch.

'Wyt ti ddim am roi'r arian i dy fam?'

'Nag ydw,' meddai Owen ar ei ben. Edrychodd y fam ar y tad, a'r tad ar Owen, mewn dull a awgrymai fod yr olaf wedi pechu yn erbyn yr Hollalluog.

'Dyro nhw i dy fam, heb ddim lol,' meddai ei dad. 'Mae digon o'u heisio nhw i brynu bwyd iti.'

'Mae arna i eisio prynu copi, a rybar, a phensel efo nhw,' meddai Owen.

'Mae'n bywsicach iti gael bwyd na phetha felly,' meddai'r fam.

Taflodd Owen yr arian ar y bwrdd mewn tymer, a chafodd glustan gan ei fam. Torrodd yntau allan i feichio crio, a than grio yr aeth i'w wely.

Traed Mewn Cyffion

Mae'n ddiwrnod poeth ym mis Gorffennaf, diwrnod cario gwair. Cyn mynd allan i'r cae yr wyf yn mynd i'r tŷ llaeth unwaith eto i gael sbec ar y danteithion. Mae rhesiad hir o ddysglau cochion ar y bwrdd yn llawn o bwdin reis a digonedd o wyau ynddo, ac wyneb y pwdin yn felyn ac yn llyfn fel brest y caneri sydd yn ei gats wrth ben y bwrdd. Mae ei oglau a'i olwg yn tynnu dŵr o'm dannedd. Yr wyf yn meddwl tybed a fydd digon i bawb. Nid ydym i ofyn am fwy o flaen pobl ddiarth.

Y Lôn Wen

Fel dilyniant i'w themâu am blant a merched cynigia **cwlwm teulu** ei hun yn naturiol. Teuluoedd niferus yn aml, teuluoedd estynedig, teidiau a neiniau yn amlach na pheidio yn byw yn y cyffiniau neu hyd yn oed ar yr un aelwyd. Disgrifir agosatrwydd y teulu yn *Traed Mewn Cyffion*, a'r golled a deimlir gan y rhieni pan fydd plant yn gadael y nyth, i briodi, neu'n waeth i fynd i weithio i'r De, a'r hunllef o fynd i'r Rhyfel. Teimla'r plant hwythau'r hiraeth am yr aelwyd gysurus.

Dyma brofiad Ann Owen pan ddaw'r plant hŷn adref i fwrw'r Dolig.

Yr oedd yn fore Nadolig di-wynt, distwr. Ymestynnai golau'r tân o'r twll-dan-popty allan ymhell i'r aelwyd. Yr oedd sŵn y cig eidion yn rhostio yn fiwsig hyfryd i'r glust, a'i aroglau yn fin i'r archwaeth. Eisteddent yn deulu cyfan o gwmpas y bwrdd, pawb yn eistedd yn yr un lle ag yr eisteddent ynddo pan oeddynt blant. Aent yn reddfol i'r un lle wrth y bwrdd, yn union fel yr âi pob buwch at yr un rhesel yn y beudy. Yr oedd y bwyd yn mygu'n gynnes, gan nad oedd fawr o ffordd o'r popty i'r bwrdd, y cig yn frau, y tatws-yn-popty yn gochion tu allan, ac yn flodiog y tu mewn, y fresychen wen wedi ei malu'n fân ac yn iriadd mewn menyn, a'r gwlych heb gymorth dim ffug, yn goch dywyll fel derw.

Dywedodd ei thad yr un peth ag yr arferai ei ddweud bob blwyddyn, 'Wel, dyma ni yn deulu cyfa unwaith eto.' Ac yr oeddynt yn deulu cyfa mewn ystyr mwy nag i rif. Y teimladau cynnes yn llifo o un i'r llall heb eiriau uniongyrchol i fynegi hynny, dim ond mewn sgwrsio cyffredinol fel anelu at un peth a hitio peth arall. Ond fe wyddai pob un yn y bôn ei fod wrth ei fodd bod ar yr aelwyd gartref, ac nad oedd unrhyw le y dymunent fod ynddo yn well.

Tegwch y Bore

'Ond yn bennaf dim, cofiaf am y teulu hapus cyn ei chwalu, y llinynnau tynn a'n cadwai wrth ein gilydd er gwaethaf pob helynt, ac er edrych arno o bell heddiw, o bellter ffordd ac o bellter amser, yno yr wyf o hyd a'm gwreiddiau yn ddwfn iawn yn ei ddaear.'

Ymddengys KR yn anesmwyth wrth ysgrifennu am **gariad**, ac yn enwedig am ryw. Ni cheir nemor ddim sôn am ryw, effaith ei magwraeth Fictorianaidd o bosib, a 'chydig ar y naw o sôn am garwriaeth sydd ganddi. Mae cariad wedi'i lygru yn aml. Yn *Tegwch y Bore* dewisa Ann y cof am ei brawd Bobi yn hytrach na chariad cyrraeddadwy Richard, am gyfnod o leia. Ac yn *Rhigolau Bywyd* mae gan Beti ormod o synnwyr cyffredin i dwyllo'i hunan bod rhamant yn parhau'n hir ar ôl priodi. Setlo i rigol byw a ddilynna briodas. Gwaith a gorffwys heb fawr o gyfle nac ynni am ramant. Colli ffrind wrth gael priod.

Peth anodd yw ysgrifennu am bobl ifanc yn caru, neu unrhyw un yn caru, mor anodd ag ysgrifennu am grefydd – y ddau beth anhawsaf mewn nofel. Swildod Piwritanaidd sydd y tu ôl i'r ddau – i mi. Ofn dweud yr hyn sy ddyfnaf yn y galon am mai arwynebol yw ein bywyd.

Erthyglau ac Ysgrifau Llenyddol

Cyfaddefodd bod ei gwaith ar ei golled am nad ysgrifennodd am ryw, er ei fod 'y peth mwyaf naturiol yn y byd'. Yr oedd y pethau hyn yn rhan o fywyd, fel bwyta ac yfed, ac nid ystyrid hwy fel problem i'w dadelfennu nac i'w disgrifio yn fanwl. Ceir gwahanu rhwng cariadon, maent weithiau'n dod yn ôl at ei gilydd, ond yn aml cadw draw a wneir, rhyw gamddealltwriaeth dinod yn gallu chwalu hapusrwydd am oes. Yn y stori 'Dwy Storm', *Ffair Gaeaf*, mae Eban yn clywed bod Aels ei gariad wedi priodi rhywun arall.

'Aels y bu'n ei charu mor gywir ac mor danbaid am ddwy flynedd. Wrth gofio . . . chwysai gan gasineb. Ac yno, yn unigedd y düwch, tynghedodd Eban na byddai a fynnai ef â merched byth wedyn.

Gwahenir aelodau o'r teulu yn ogystal, nid y gwahanu naturiol sy'n dilyn priodi, ond gwahanu anorfod sefyllfa economaidd neu ryfel, y gwahanu sy'n gadael craith hiraeth.

'Mae gagendor rhyngoch chi a'r rhai ydach chi'n i garu weithiau.'

Traed mewn Cyffion

Dyma Dafydd a Geini yn 'Rhwng dau damaid o gyfleth', y ddau'n gweithio ar yr un fferm, wedi gwirioni ar ei gilydd, ond Geini'n gohirio'r briodas droeon.

'I be wnawn ni briodi mor fuan?' ebe hi, 'gad inni fod yn ddau gariad fel hyn am flwyddyn beth bynnag, inni gael spio efo'n gilydd ar y gwair a'r ŷd yn tyfu, a mynd i gnafa rhedyn a mawn efo'n gilydd. Mi rydw i'n licio bod wrth d'ymyl di fel hyn.'

'O'r gora, ond dim ond tan Glan Gaea, cofia.'

'Naci-ofn-ofn inni ddwad i nabod y'n gilydd yn well nag yr ydan ni.'

'Tydw i ddim yn dy ddallt ti, Geini bach.'

'Wel, fel hyn,' meddai hithau, a llai o boen yn ei llais, 'fel rydan ni rwan rydan ni'n nabod y'n gilydd yn ddigon da i garu'n gilydd, ond mae arna i ofn os priodwn ni, y down i nabod y'n gilydd yn ddigon da i gashau y'n gilydd.'

'Unwaith y priodwn ni, mi awn yr un fath a phawb arall.'

Aeth Dafydd i weithio ar fferm arall ac unwaith y gwelodd hi wedyn.

Rhigolau Bywyd

Down yn ymwybodol o'r effaith gaiff caledi eu bywydau ar ymateb corfforol rhwng parau. Daw priodas yn rhywbeth difflach, grym arferiad cydfyw, a siomedigaeth i'w ganlyn. Ni allant fynegi eu cariad. Roedd ei nofel anorffenedig, *Ysgolfeistr y Bwlch*, yr ymddangosodd dwy bennod yn unig yn *Y Llenor* yn 1926-27, yn rhoi addewid o berthynas mwy nwydus, athrawes yn ei hugeiniau hwyr yn ffansïo'r ysgolfeistr. O'i dychymyg yntau o'i phrofiad?

Yn y stori 'Teulu' *Gobaith a storïau eraill* 1972, mae Nesta dros ei phen a'i chlustiau mewn cariad ac yn paratoi i briodi, ond daw cwmwl ar y ffurfafen. Ai cael ei dadrithio fydd ei hanes?

'Nid un o'r bobl ddof hynny a gredai bod cariad yn dod fel saeth o'r awyr oedd Jenat. Credai y gallai pawb briodi os rhoddent eu bryd ar hynny.'

Ei gadael hi braidd yn hwyr wnaeth KR! Roedd yn 37 oed pan briododd. Ond roedd ganddi ei hamheuon. Doedd hi ddim yn berffaith hapus am y seremoni briodas, efallai y byddai 'byw tali' wedi eu siwtio yn well?

Nid yw'r un ohonom yn ddigon ffôl i feddwl mai mêl heddyw fydd ein bywyd ar ei hyd.

Annwyl Kate, Annwyl Saunders

Ymdrinir ag **effeithiau rhyfel** mewn nifer o'i llyfrau. Roedd yn ferch ifanc yn ei hugeiniau yn ystod y Rhyfel Byd cyntaf, wedi gweld colli brawd a chariad o bosib, colli cymaint fu'n gyd-fyfyrwyr, niweidio brawd arall. Roedd hyn cyn iddi ddechrau ysgrifennu. Mae'n ganol oed erbyn Rhyfel 1939-45, yn awdures gydnabyddiedig wedi cyhoeddi chwe chyfrol, ond cyfnod hesb fu hwn, rhwng 1937 a 1949.

Yn *Traed Mewn Cyffion*, 1936 ei nofel fwyaf adnabyddus, a'r orau o bosib, caiff y teulu Gruffydd eu llusgo'n ddiwrthdro i mewn i'r rhyfel a'i effeithiau. Mae'n dryllio'r bywyd heddychlon, waeth pa mor galed oedd eu hymdrech i fyw. Dyw deunaw mlynedd wedi pylu dim o'r hiraeth a'r anghyfiawnder.

'Y bore hwnnw, yn nechrau Gorffennaf 1916 disgwyliai Jane Gruffydd lythyr oddi wrth Twm. Ni chawsai'r un ers chwe diwrnod. Yr oedd yn bryderus iawn, ond nid yn or-bryderus, oblegid buasai'n hir fel hyn o'r blaen, a chafodd ddau lythyr gyda'i gilydd y pryd hwnnw. Y dyddiau yma ni fedrai wneud dim ond godro a hwylio Eric i'r ysgol cyn i'r postmon gyrraedd, ac weithiau byddai hwnnw yn hwyr. Y diwrnod yma yr oedd felly, neu fe aethai heibio. Eto daliai i eistedd yn lle codi a dechrau ei gwaith. Na, dyna ei bîb wrth lidiart y llwybr, a rhedodd hithau'n falch. Ond nid llythyr oddi wrth Twm ydoedd, nac un oddi wrth un o'r plant eraill, ond llythyr hir a marc post y llywodraeth arno.

Rhedodd â'r llythyr i'r siop.

'Rhyw hen lythyr Saesneg wedi dwad acw, Rhisiart Huws. Fasach chi ddim yn dweud beth ydi o? Rhywbeth ynghylch Twm ydi o, beth bynnag.'

Darllenodd y siopwr ef, a daliodd ef yn ei law sbel.

'Steddwch i lawr, Jane Gruffydd,' meddai'n dyner.

'Be sy?' meddai hithau, 'Does dim wedi digwydd?'

'Oes, mae arna i ofn,' meddai yntau.

'Ydi o'n fyw?'

'Nag ydi, mae arna i ofn. Ann,' gwaeddodd o'r siop i'r gegin, 'dowch â llymaid o ddŵr, mewn munud.'

'Dowch trwodd i'r gegin, Jane Gruffydd,' meddai hithau.

Wrth roi ei phen ar y gobennydd, a cheisio cau ei llygaid ar boen, daeth ugeiniau o feddyliau trist i feddwl y fam. Ond yn eu plith fe wibiodd un meddwl arall, na buasai'n rhaid iddi ofni clywed sŵn y postmon drannoeth.

Traed Mewn Cyffion

Stori garu yng nghyfnod y Rhyfel Byd Cyntaf yw *Tegwch y Bore*, ynghyd â themâu eraill, ac ynddi dywed y prif gymeriad,

'Ac eto,' meddai Ann Owen, 'efallai petasa yna ddim rhyfel y basa yna rywbeth arall.'

Yn y ddwy nofel yma, ac mewn amryw o'i straeon byrion, cawn ddigwyddiadau sy'n ddrych o beth ddigwyddodd mewn gwirionedd i'w theulu hi a theuluoedd ei chymdogion ar Foeltryfan. Dywed mai effeithiau'r rhyfel oedd un o'r prif resymau dros iddi ddechrau ysgrifennu.

'Marw fy mrawd ieuengaf yn rhyfel 1914-18, methu deall pethau a gorfod sgrifennu rhag mygu.'

Ond er hyn oll, i KR 'mae bywyd yn rhodd ac yn werth ei fyw ar waethaf ei dreialon a'i dristwch a'i boen.'

Dros y 1950au daeth y Rhyfel Oer a bygythiad Armagedon niwcliar i'w phoeni. Ymdrinir â hyn yn y stori 'Yr Atgyfodiad' yn *Hyn o Fyd*, a chawn wedd arswydus ar 'Boen y Ddynoliaeth.'

'Mynd i'r cyfarfod yn erbyn arfau niwclear ym Mae Colwyn. Siarad rhesymol a theg, digon i'n dychryn. Eto gwelwn bwynt yng nghwestiwn y wraig ar y diwedd. Dewis rhwng dau ddrwg yw dewis rhwng colli rhyddid a difodiant llwyr. A ydyw'n werth byw wedi colli rhyddid? Onid ffurf arall ar farw ydyw?'

Erthyglau ac Ysgrifau Llenyddol

Dyma gyfnod *Tywyll Heno*, y cyfnod pryd y cafodd cymaint eu dadrithio gan grefydd, ac yn enwedig enwadaeth, ac y dechreuodd y cilio o'r capeli o ddifri. Anodd deall ymwneud dyn â Duw ynghanol creulondeb rhyfel. Adlais o dristwch ingol Heledd wedi'r gyflafan yw teitl y nofel,

> Stafell Gynddylan ys tywyll heno,
> Heb dân, heb wely;
> Wylaf wers, tawaf wedy.

Mae'n anodd iawn i ni heddiw amgyffred beth aeth teuluoedd yr ardal trwyddo yn ystod y ddau Ryfel Byd. Does gen i ddim cof uniongyrchol ond cofiaf y sgwrsio ar yr aelwyd ac yn nhŷ nain yn y 1950au, canys bu brodyr nain yn rhyfel 1914-18 a mab iddi yn rhyfel 1939-45, a dwad drwyddi, ond nid heb adael creithiau.

'Dioddefasant gamwri ac anghyfiawnder yn y chwareli; gormes meistr a pherchennog, gormes ffafriaeth a llwgr-wobrwyo. Gwelsant ladd eu cyfeillion a'u plant wrth eu gwaith, ond ni welsant erioed fyned a'u plant oddi wrthynt i'w lladd mewn rhyfel.'

Traed Mewn Cyffion

Daeth ei heddychiaeth i'r amlwg pan ofynwyd iddi, ymysg eraill, gyfrannu i'r *Faner* ei dymuniad am y flwyddyn newydd yn 1980.

'Penderfynaid mai gweld diwedd ar ryfel a fynnwn. . . Mae colli un bywyd yn beth mawr. . . Mae bywyd yn rhy werthfawr i'w golli mewn unrhyw achos.'

Sonnir **am brofedigaethau a galar** mewn nifer o'i straeon. Roedd y chwareli yn llefydd peryglus i weithio ynddynt, gyda damweiniau difrifol yn achosi bod y gwŷr yn methu gweithio am gyfnodau hirion, hynny yn arwain at gynni ariannol, a doedd damweiniau angheuol ddim yn anarferol. Datblygai afiechydon hir-dymor yn sgîl yr amodau byw gwael yn y cartrefi a'r chwarel, gyda marwolaethau plant a phobl ifanc yn gyffredin.

'Hiraeth ofnadwy ydi hiraeth mam ar ôl plentyn sugno,' meddai cymdoges.

Dyma'r 'mynd i ddanfon at y cynhebrwng.'A daeth yr hyn a achosodd y 'danfon' hwn fel pang i galon yr Athronydd. Echdoe, bu Luned, plentyn bach blwydd oed ei chwaer, farw. Ni chymerasai nemor sylw ohoni, heblaw ei bod yno, dyna'r cwbl.

Pe na byddai marw o gwbl yn y byd, hynny ydyw, pe byddai i bawb fyw am byth, a fyddai yna le i ofn ac i farddoniaeth? Methodd â chael ateb iddo. A dyma un arall a'i blinai: sut y gallod Meri a llawer Meri arall godi o'i gwely a gwneud ei gwaith, wedi colli ei bachgen hynaf, cannwyll ei llygaid, yn y Rhyfel? Paham y bu raid i blant y werin fyned i farw dros achosion brenhinoedd?

Gwelai na siaradai rhai o'r merched o gwbl. Sychent eu dagrau cyn iddynt ddisgyn o gwbl, a sychent hwy drachefn. Ebe un o'r diwedd, 'Meri Lloyd bach, mae'n rhaid i bethau fel hyn ddigwydd, a rhaid i ni i diodda nhw.'

'Lol-bi-lol,' ebe Ifan, 'lol-mi-lol'. Cododd yn wyllt ac aeth allan.

Yr Athronydd, *O Gors y Bryniau*

Roedd hi'n anodd iawn i weddwon gadw dau ben llinyn ynghyd, roedd ail briodasau yn eitha cyffredin, a phlant o'r priodasau'n cael eu magu efo'i gilydd. Digwyddodd hyn yn hanes rhieni KR, roedd pedwar o blant o briodasau cynta'r tad a'r fam. Lladdwyd ei hewyrth Robert yn chwarel y Cilgwyn yn ddeuddeg oed, gyda'i thad a'i thaid yn gorfod parhau i weithio yno tra'r oedd ei gorff ynghladd dan y cwymp. Cymharwch y cofnod ffeithiol yn *Y Lôn Wen* â'r straeon 'Y Man Geni' a 'Plant'.

'Ymhen blynyddoedd, wedi llwyr glirio'r cwymp, daeth fy nhaid o hyd i glocsen Robert.'

Y Lôn Wen

'Adrodd yr oedd ei dad stori a glywsai'r bachgen ddegau o weithiau erbyn hyn. 'Mi glywis y nhad yn i deyd hi ddega o weithia.'
  Dyna fel y dechreuai tad Tomos bob amser. 'Doeddwn i ddim wedi fy ngeni,' âi ymlaen, 'ond mi glywis y nhad yn deyd hanas Tomos, i fab hyna, lawar gwaith, fel yr ath o allan at y beudy un nos Sul wedi dwad o'r capal, ac fel y rhoth rhyw hen dderyn mawr dair sgrech wrth i ben o. Mi redodd yr hogyn i'r tŷ wedi dychryn am i hoedal, a deyd wrth mam nad âi o ddim i'r chwaral dronnoth – bod rhwbath yn siwr o ddigwydd. 'Taw â chyboli,' medda mam, 'coel gwrach ydi peth fel 'na.' Wel, mynd i'r chwaral ddaru o beth bynnag, ac mi ddoth ffôl fawr i lawr, ac mi gladdwyd ynta dani. Mi fuon heb gâl i gorff o am dair wythnos, a'i arch yn y chwaral o hyd. Ia wir, fachgan, ma hi dipyn gwahanol rwan. Deuddag oed oedd Tomos pan gafodd o'i ladd, ac yn gweithio ers tair blynadd.'

Y Man Geni, *O Gors y Bryniau 1926*

Meddyliai am Rhys yn gorwedd o dan y cwymp mawr hwnnw rwan, hwythau gartref. Daeth cryndod drosto. Yr oedd ei gefn yn oer heb ei gywely. Troes ei wyneb at y lle gwag. Methodd ddal. Cododd.

Plant, *Ffair Gaeaf*

Mae'n arwyddocaol mai 'Y Man Geni' yw stori gyntaf cyfrol gyntaf KR, a ysgrifenwyd yn 1921 ac a ymddangosodd yn 'Cymru' 1922. Yn amlwg clywsai Kate yr hanes droeon ar yr aelwyd, digwyddiad trawmatig i'w thad yn fachgen deg oed. Roedd yr ewyrth a laddwyd ddeng mlynedd ar hugain cyn ei geni yn fyw iddi drwy gof y teulu. Fedrwch chi feddwl am frawddegau mwy iasol na'r rhai uchod yn 'Plant'?

Cefais lot o syniadau am storïau byrion o fywyd ei hun. A phetae amser fe'u hysgrifennwn gyda grym.

Annwyl Kate, Annwyl Saunders

Ceir awgrym yn sgwrsio rhai cymeriadau eu bod yn cael rhyw bleser o ymhyfrydu yn eu tristwch, mwynhau'r 'felan' yn anymwybodol, bod yn ferthyron i'w hamgylchiadau a'u tristwch. Gwyddwn innau am gymeriadau tebyg ym mhentref fy ieuenctid. Ond hawdd yw i ni farnu neu goll-farnu yn wyneb hawddfyd heddiw.

Byddaf yn sôn llawer am gael thema i nofel, ond credaf mai fy mywyd i fy hun yw'r thema fwyaf y gwn amdani. Nid profedigaeth syml o hiraethu a gweld chwithdod ar ôl y marw yw fy mhrofedigaeth i, er bod hynny bron â'm gwasgu i'r ddaear weithiau, ond profedigaeth gymhleth a'i baich bron yn ormod i'w ddwyn. Y caredigrwydd mwyaf y gallasai'r Brenin Mawr ei wneud â mi fuasai fy nghymryd innau ymaith drannoeth marw Morus cyn imi ddyfod i wybod beth yw poen.

Annwyl DJ

Unigrwydd wedyn yw thema ganolog *Y Byw sy'n Cysgu*, *Tywyll Heno* a *Stryd y Glep*. Cawn dreiddio i is-ymwybod y bobl unig yma, maent yn rhan o deulu, mae ffrindiau ganddynt, ac y maent o fewn cymdeithas, ond er hyn yn llethol unig tu mewn.

'Creadur di-gymdeithas yw dyn yn y bôn, ni fedr ddwoud ei holl feddyliau wrth y nesaf ato, nac wrth yr un â gâr fwyaf. Troi mewn cymdeithas y mae, efo fo'i hun y mae'n byw.'
'Amhosib byw efo'r rhan fwyaf o'r ddynolryw.'

Stryd y Glep

Ynghlwm wrth yr unigrwydd yma mae ei phrif gymeriadau yn aml, yn enwedig yn yr ail gyfnod, yn chwilio am droedigaeth neu gyffesiad, a cheisio cael gafael ar rywun i wrando arnynt, e.e. Lora Ffennig yn *Y Byw sy'n Cysgu* a Ffebi yn *Stryd y Glep*. Ond beth os nad oes neb yna i wrando?

Wyddoch chi bedi unigrwydd? Byw heb neb i ddeud gair caredig na chreulon wrthach chi. Byw efo meddyliau, dyna bedi 'hel meddylia'.

Te yn y Grug

Dyna sylw Nanw Sion wrth Begw a Rhys yn 'Nadolig y Cerdyn', roedd hi mor unig fel y cai gysur yn sŵn llygod yn rhedeg o gwmpas a hyd yn oed 'tician pry cop'.

Roedd **crefydd**, neu fynychu moddion gras o leiaf, yn dylanwadu ar fywydau pawb o'r bron. Mynychai'r rhan fwyaf o deuluoedd yr oedfaon yn rheolaidd, er efallai nad oedd gan gyfran helaeth ohonynt ddaliadau crefyddol cryf iawn. Grym arferiad oedd yn bwysig, a chadw o fewn hualau disgwyliedig cymdeithas. Sylwch mai 'Diwylliant a'r Capel' ac nid 'Crefydd' yw penawd pennod o'r *Lôn Wen*.

'Byddaf yn credu fod yna ddarnau o'r wlad lle mae naws ei phobl yn fwy parod i dderbyn argraffiadau crefyddol, a bod yna ddarnau eraill lle mae'r bobl fel petaent o'r ddaear yn ddaearol, a bod chwedloniaeth yr oesoedd cynnar heb adael eu cyfansoddiadau.'

Y Lôn Wen

Ni ellir gwahanu'r is-themâu fel profedigaeth, effeithiau'r rhyfel, unigrwydd a'r ymdrech i fyw oddi wrth grefydd, mae'n ymdreiddio i bobman. Cawn felly ymateb pobl i'r grefydd gyfundrefnol ond hefyd eu brwydrau mewnol, eu hymdrech i ddeall eu profiadau, i archwilio eu meddyliau dyfnaf. Ceir yr ymchwilio yma yn un o'i straeon cryfaf 'Yr Enaid Clwyfus', *Prynu Dol*.

'Pobl ddwl sy'n rheoli mewn byd ac eglwys heddiw'.

Mae beirniadaeth ar ddiffygion y gyfundrefn gapelyddol, oes, ond ymholi'r hunan yw craidd y stori, y chwilio am achubiaeth o ryw fath, ond ni ŵyr o ble na sut.

'Rwyn disgwyl am rywun neu rywbeth . . . dydw i ddim yn cofio am bwy na beth'.

Roedd amheuaeth neu golli ffydd yn ganlyniad naturiol i brofiadau teuluoedd yn ystod y ddau Ryfel Byd, tra cadwodd eraill eu ffydd er pob profiad chwerw. Roedd cymdeithas yn newid, gwerthoedd moesol yn llacio eu gafael, ac ysgrifenodd llenorion amlwg eraill am hyn, a byddai KR yn gynefin â'u gwaith. Trafodir y newid yma yn *Y Byw sy'n Cysgu* 1956, ble mae Lora Ffennig yn dioddef chwalfa ysbrydol neu seicolegol. Mae'n feirniadaeth lem ar Anghydffurfiaeth canol yr ugeinfed ganrif. Enghraifft arall yw Bet, gwraig y gweinidog a'i hamheuon yn *Tywyll Heno* 1962, rhy ifanc i fod yn gul, rhy hen i fod yn wamal.

'Yr oeddwn yn perthyn i ddau fyd, byd llyffetheiriol fy ieuenctid, a'r byd newydd a welwn, y clywn ac y darllenwn amdano mewn llyfrau lle na welid bai ar bechod.'

Dilynna meddyliau Phebi ei hingoedd meddyliol drwy ei dyddiadur yn *Stryd y Glep* 1949.

'O un cynnwrf i'r llall, nes wyf bron yn rhy wan i sgrifennu. Ond rhaid i mi sgrifennu heddiw i edrych a gaf wared o rywfaint o'r boen sydd ar fy meddwl.'

Lleisia'i hanobaith gyda'r gri o'r galon, oes gobaith am waredigaeth?

Pan ofynnodd ei gweinidog yn y Capel mawr, Cynwil Williams wrthi, 'Beth ydi Duw i chi, Dr. Kate Roberts?' Ei hateb annisgwyl oedd, 'Haearn yn fy asgwrn cefn i!'

Daw KR yn fwy-fwy dadrithiedig ynglŷn â chyflwr cymdeithas a dynoliaeth yn gyffredinol tuag at ddiwedd ei gyrfa lenyddol. Soniai yn ei llyfrau cynnar am 'bobl ag asgwrn cefn,' ond erbyn hyn 'mae sliwod yn ceisio dal y byd i fyny.'

Tynged yr iaith a'n diwylliant yw thema arall gyson, a'i hofnau wrth weld eu dirywiad. Yn Arfon ei hieuenctid roedd eu harwahanrwydd yn gaer, ond daeth addysg, rhyfeloedd, ac ymfudiad i'w gwanhau. Diorseddodd symudoledd ac alltudiaeth yr hen sefydlogrwydd a diogelwch. Ymdrinir â'r golled yma yn 'Dychwelyd' *Gobaith a storiau eraill* 1972. Roedd KR yn genedlaetholreg bybyr, yn aelod o Blaid Cymru o'i ddechreuad ac fe amddiffynai ei safbwynt yn gyson, yn enwedig yn ei herthyglau i'r *Faner* a'r *Ddraig Goch*. Efallai nad yw ei chenedlaetholdeb yn amlwg yn ei storïau a'i nofelau ond mae'n rhan o'i chymeriad ac felly yn ei hisymwybod yn barhaus. Efallai iddi fod yn rhy agos i'r frwydr iddi fedru trafod sefyllfa wleidyddol Cymru yn wrthrychol mewn stori neu nofel, haws oedd gwneud hynny drwy newyddiadura yn *Y Faner* neu'r *Ddraig Goch*. Fodd bynnag roedd o'r farn na ddylai llenor fod yn bropagandydd yn unig. Dim cenedlaetholdeb ddylai symbylu rhywun i ysgrifennu, bywyd ddylai ysbrydoli llenor, bywyd a'i holl broblemau, a phobl, beth bynnag eu cenedl, sy'n creu'r problemau hynny.

'Ni welsom erioed gyfoeth, ond cawsom gyfoeth na all neb ei ddwyn oddi arnom, cyfoeth iaith a diwylliant.'

Gwelai yr anhegwch, ond sut oedd mynegi hynny? Yn sicr daeth ar draws caledi yn y Cymoedd, a daw Sosialaeth i'r amlwg yn ei straeon tu cefn i'r brwydro yn erbyn y bygythiadau i'r genedl.

'Erbyn hyn fe wyddai un peth, mai Cymraes ydoedd, ac nad rhyfel Cymru oedd hwn. Nid oedd mor sicr ym mhle y byddai Cymru pe collai Lloegr y rhyfel, ond aeth i gasáu clywed pobl yn sôn am 'farw dros eu gwlad.'

Tegwch y Bore

Symbolau o gryfder yr hen gymdeithas, o'r dyddiau coll, yw'r aelwyd a chadernid y mynydd tu cefn.

'Ym mhle yn y byd y cawsoch chi'ch magu?'
'Ar fynyddoedd sir Gaernarfon yn y lle mwyaf bendigedig sy'n bod.'

Tegwch y Bore

Mae'r hiraeth am gymdeithas naturiol Gymreig yn ddwfn yn ei gwaith. Yn yr ail gyfnod yn enwedig cawn gymeriadau unig, di-gymdeithas, sy'n codi hiraeth am gwmnïaeth dyddiau Rhosgadfan, er bod newid mewn cymdeithas yn raddol gyrraedd cymunedau cefn gwlad Arfon erbyn hynny. Daw hyn yn rhan o'i syniad o genedlaetholdeb, cenedlaetholdeb ddiwylliannol, ble mae'r iaith Gymraeg a'n diwylliant yn greiddiol. Mynd yn ôl yno am gysur a wna'n y stori Dychwelyd, *Gobaith a storiau eraill*. Oedodd amser yn ei dychymyg pan feddyliai am Foeltryfan ei magwraeth, ond nid yr un mo Rhosgadfan y 1960au.

Tybed ai ymgais i ail-afael yn hyn oedd ei phenderfyniad i brynu Cae'r Gors a'i drosglwyddo i'r genedl? Cadw'r glendid a fu?

Beth fyddai ei hymateb heddiw i Ganolfan Treftadaeth Kate Roberts? I'n dehongliad ohoni hi a'i theulu a hanes yr ardal?

Gallaf ei gweld yn camu i mewn i gegin Cae'r Gors, yn crwydro o gwmpas yn feirniadol, y llygaid craff yn gweld popeth, y cof manwl yn catalogio, ac yn gwenu gobeithio!

Ydi ei gwaith hi'n berthnasol heddiw?

Pobl yn unig sy'n fy niddori. Pethau sy'n mynd ac yn dyfod yw syniadau a phethau oer. Mae pobl yn aros rywbeth yn debyg o oes i oes; yr un yw eu gwendidau a'u rhinweddau, ond eu bod yn newid eu lliw yn ôl fel y bo'r amgylchiadau yn newid, a'r cyfleusterau. Ond er hynny y mae dyn yn dragwyddol ddiddorol a rhyw ffynhonnau dihysbydd yn ei gymeriad a wna i nofelwyr ysgrifennu amdano tra pery dyn i fyw ar y ddaear.

Erys **Gobaith** er mor galed y gallai pethau fod. Dyma'r olaf o'r plant yn gadael cartref ac yn cychwyn i'r De.

'Sut oedd Meri cyn iddo gychwyn?'

'Digon digalon oedd hi, ond mae rhywun yn gorfod dal pob dim. Mae'n anodd dallt y drefn.'

'Does dim trefn, ond y drefn wnawn ni ohoni hi. Na, nid y ni, ond beth mae'r bobl fawr gyfoethog yna yn i wneud ohoni hi. 'Dydyn' nhw ddim yn mynd i'r Sowth i chwilio am waith. Mae'n nhw'n dal i ddwad i'r chwarel yn i clos carrej.'

'Ydach chi'n cofio blwyddyn gyntaf y ganrif yma, Elin, fel yr oeddem ni'n edrach ymlaen at ddyddiau gwell am i bod hi'n ddechrau canrif a dyma ddeuddeg mlynedd ohoni wedi mynd, ac os rhywbeth, gwaeth ydi hi arnon ni?'

'Dwn i ddim pam yr oedd yn rhaid inni edrach ymlaen o fanno nag o ryw flwyddyn arall. Mae hi'r un fath ar ddydd Calan a dydd penblwydd – dymuno'n dda i'n gilydd a phethau ddim yn dwad ronyn gwell. Ond rhaid inni ddal i obeithio neu mi awn i'r ddaear.'

'Dwn i ddim ydyn ni rhywfaint gwell wrth fyw ar wahân fel y bydd Dafydd a ninnau rwan, a bod yn anhapus, dim ond er mwyn cael dweud yn bod ni'n fyw. Rydyn ni'n mynd trwy fywyd heb i fyw o, am yn bod ni'n disgwyl rhywbeth gwell o hyd.'

Y Daith, *Prynu Dol*

Dyma eiriau olaf llyfr olaf KR.

'Yn y bore llwyd diddim yma, yn union cyn i'r wawr godi, bore na allai godi gobeithion neb, ar ei ffordd i lawr i'r dre, edrychai Winni ymlaen i'r dyfodol. Yr oedd am fynnu gwneud ei ffortiwn; yr oedd ei phwrs wedi ei glymu am ei gwddw a thair ceiniog ynddo; ffrog newydd Elin Gruffydd mewn parsel dan ei braich, ac atgof am amser hapus ddoe efo teulu Begw yn ei chalon.

Haul a Drycin a storiau eraill

ag

YR ACADEMI GYMREIG

Cyfarfod i goffáu y

Dr. KATE ROBERTS
(1891 - 1985)

ac i ddiolch am ei chyfraniad

Cynhelir y cyfarfod yn

Y CAPEL MAWR, DINBYCH

DYDD SUL, AWST 4ydd, 1985

am 2 o'r gloch

Dr. KATE ROBERTS
(Nos ei hangladd)

Mae rhan o Gymru heno
A chraig o wraig yn y gro,
Rhan oedd ry fawr i huno.

Chwerw alaeth bro'r chwareli — a naddodd
Yn llenyddiaeth inni,
Heniaith hon a'i rhyddiaith hi
Heddiw sy'n gofeb iddi.

MATHONWY HUGHES.

Kate Roberts

Hyhi, o gors y bryniau, greodd
O adfyd a chaledi'i dyddiau
Storïau a wnaeth i ninnau
Ddod i rannu ei phrofiadau.

Hyhi, ar ffriddoedd garw Arfon,
Astudiodd rawd gythryblus dynion,
A chroniclodd eu hymdrechion
Yn erbyn grymusterau creulon.

Hyhi, yn nhegwch gwyn y bore,
A deimlodd lid ynfydrwydd rhyfel;
Daeth o bell i fro y chwarel
Sôn am frawd o'r farw-fedel.

Hyhi'n ne Cymru a'i ddyffrynoedd
Ar adeg hirlwm a diweithdra
'Nododd olion mall segura
Yn nefnydd dynion yn y dirdra.

Hyhi, yn noddfa Anghydffurfiaeth
A welodd yno ffydd a chredo
Yn teneuo ac adfeilio,
A dywedodd, 'Tywyll Heno'.

Hyhi a fu yng ngwewyr Cymru
Yn fawr ei hymdrech trwy'r blynyddoedd
Gan ddal ati trwy derfysgoedd
Canys dewr a thriw iawn ydoedd.

Hyhi, athrylith ydoedd yn tywynnu;
Fe dreiddiodd hi i'r cyflwr dynol
A dangosodd yn y lleol
Ddyfnion bethau sy'n dragwyddol.

Gwyn Thomas

Barn eraill amdani

Mi soniais am foethusrwydd a cheinder gynnau fach, fel elfennau prin ond pwysig – fel halen wrth goginio – yn ei gwaith. Maen nhw'n rhoi blas, ac yn wrthbwynt llachar i'r hirlwm o fywyd sy'n gefndir iddyn nhw, fel blodau gwyllt llachar yn llechu yng nghanol creigiau llwydion. Mae'r doliau a'r gwisgoedd cywrain, y dodrefn a dillad a llestri, a phobl yn gwisgo het silc a chôt a choler felfaréd wrth fynd i'r ffair – er mai gweision ydyn nhw – yn bethau moethus. Ond y moethusrwydd yng ngweithiau KR ydi ei harddull hi.

Mae ganddi ddychymyg sy'n effro i'r saith synnwyr, yn ei galluogi, fel Joyce, i glywed synau, blasau, aroglau, i deimlo ansawdd brethyn, i weld manylion arwyddocaol – fel glafoerion cyfleth, a gweledigaethau fel y gwnaeth Begw yn ei gofid, ac i ymdeimlo â'r ysbrydol ac, weithiau, hyd yn oed yr erotig. Mae ganddi hefyd y fath feistrolaeth ar iaith a thafodiaith, nes ei bod ym medru defnyddio'u holl gyhyrau yn rhyfeddol o rymus, er yn gynnil a dirodres. Arddull synhwyrus, yn creu gweithiau cymesur, sicr eu gwead, cryf eu defnyddiau, cyfrwys a mirain eu lliwiau, ac ynddyn nhw ôl patrymau traddodiadol, oesol, fel carthen Gymreig.

Mewn geiriau y mae hi'n ei hir adnabod, mewn brawddegau cytbwys, cain, mewn manylion arwyddocaol, mewn patrymau o synnwyr a synwyrusrwydd, mewn sefyllfaoedd a digwyddiadau cofiadwy. Nid cyfleu pethau y mae hi wrth sgrifennu, ond creu rhywbeth o'r newydd, mewn proses sy'n gymaint nes at genhedlu nag at draethu. A chyda gafael mor sicr ar iaith, mae honno – yn ei harddull hi'i hun – yn gymar iddi yn y cenhedlu, yn hytrach nag arf yn ei dwylo.

Harri Pritchard Jones, *Goreuon Storïau Kate Roberts*

Peth amheuthun yw i wlad fechan roi bod i lenor o fri, llenor y gellir ei bwyso a'i fesur gyda llenorion cydnabyddedig fawr y byd, a'i gael ymhell o fod yn brin. Ond mae hyn yn wir am Dr Kate Roberts a fu farw yn 94 oed yr wythnos ddiwethaf.

Fel pob llenor doeth fe'i cyfyngodd ei hun i'w chynefin. Rhosgadfan oedd hwnnw ar y cychwyn ac yn nes ymlaen yn ei bywyd y dref y bu'n byw ynddi am flynyddoedd lawer. Gyda sylwgarwch anghyffredin iawn a synwyrusrwydd arbennig o fain tynnodd nid yn unig luniau byw o'i chynefin fel *Te yn y Grug* a *Y Byw sy'n Cysgu* ond yn bwysicach ymdriniodd â holl amgylchiadau a chymhlethdodau y natur ddynol. Adnabu gariad a chas, cymwynasgarwch a difaterwch, edmygedd ac eiddigedd, llawenydd a thristwch, bychander a mawredd – yn wir, nid oes unrhyw deimlad dynol heb i KR ei adnabod a'i ddadansoddi'n oer ac onest. Ei dawn i adnabod y teimladau hyn a rydd i'w gwaith y cyffredinolrwydd sy'n nodwedd pob gwaith o bwys beth bynnag fo'r iaith. Mewn stori fel 'Henaint', er enghraifft, er i'r cefndir chwarelyddol fod yn anadnabyddus i ddarllenwyr estron nid oes teimlad ynddi nad yw'n rhan o wead a phrofiad pawb.

Geiriau yw arfau llenor ac ymysg y campau y mae'r ddawn i ddewis y gair arwyddocaol ac annisgwyl. Ceir enghraifft eneiniedig yn y stori hon. Ceir disgrifiad o Twm yn ei waeledd, 'ei wyneb yn felyn ac yn deneu', ond meistr yn unig a fedrai ymateb i uwchlais ac islais emosiynnol 'a'i ddwylo'n lân.' Nid yn unig mae'n llwyddo i awgrymu i Twm fod yn wael yn hir ond hefyd dristwch anaddas dwylo glân chwarelwr.

Fel pob llenor o bwys roedd ganddi ei ffordd a'i hosgo arbennig o ystyried bywyd. Yn union fel Thomas Hardy gweld ei greulondeb a'i rwystredigaethau, ei siomedigaethau a'i galedwch a wnaeth, a dynion yn ysglyfaethau i bwerau difater, didrugaredd. Ond yn wahanol i Hardy, oherwydd ei chred yn Nuw, credai yn y gobaith i fedru concro amgylchiadau. Os yw hi'n galed heddiw bydd yfory'n well ac os nad yfory yna un ai drennydd neu dradwy. 'Gobeithiaw a ddaw ydd wyf' yw geiriau olaf *Stryd y Glep*. Mae gobaith ym mêr esgyrn y ddynoliaeth.

Er iddi gael byw oes hir i gyfoethogi ei lenyddiaeth, chwith yw gorfod wynebu na cheir fyth eto na stori na nofel gyda stamp ei hathrylith unigol hi.

John Gwilym Jones, *Lleu* Mai 1985

Fan Hyn

O fan hyn mi wela' i'r byd,
Dinas Dinlle'n ddisglair i gyd,
Castell Caernarfon yn trochi ei draed
a machlud Môn yn goch fel gwaed.

O fan hyn mi glywa' i'r afon,
carnau ceffylau a hen olwynion,
dawns Blodeuwedd yn wyllt ar y glaswellt,
a Lleu yn brysur yn hogi ei bicell.

O fan hyn mi flasa' i jeli,
te yn y grug, a haul a heli,
chwys Cilmyn Droed-ddu ar y gyfrol hud
a dagrau'r babi o dan y crud.

O fan hyn dwi'n ogleuo'r awel,
gwyrddni'r goedwig yn tyfu'n dawel,
llwch y llechi ar ddwylo'r dynion,
a phersawr hen wraig yn sibrwd ei straeon.

Yn fan hyn dwi'n teimlo'n hapus,
dwi'n sbio o 'nghwmpas – yn tydw i'n lwcus!
Ni ydi'r cymeriadau newydd;
sgwennwn ein stori yn glos drwy'n gilydd.

Plant ysgolion Rhosgadfan a Rhostryfan a
Gwyneth Glyn, Bardd Plant Cymru 2006-2007

Bywgraffiad

1891   Ganwyd 13 Chwefror ym Mryn Gwyrfai, Rhosgadfan. Merch Owen a Catrin Roberts, plentyn cyntaf ail briodas y ddau. Cafodd dri brawd, Richard, Evan a David.

1895   Mudo i Gae'r Gors.

1896-1904   Disgybl yn Ysgol y Cyngor, Rhostryfan.

1904-09   Disgybl yn Ysgol Sir Caernarfon, wedi ennill ysgoloriaeth.

1910-13   Myfyrwraig yng Ngholeg y Brifysgol, Bangor.

1913   Graddio gydag Anrhydedd yn y Gymraeg o dan John Morris Jones ac Ifor Williams. Derbyn Tystysgrif Athrawes.

1913-14   Athrawes yn Ysgol Elfennol Dolbadarn. Swydd dros-dro, bu'n athrawes lanw am bum mis. Dysgodd T Rowland Hughes.

1915-17   Athrawes Gymraeg, Ysgol Sir Ystalafera. Bu'n dysgu Gwenallt ac Islwyn Williams, cyfeiria at Gwenallt fel y disgybl disgleiriaf a gafodd erioed.

1917   Marw David, ei brawd mewn ysbyty yn Malta, wedi ei glwyfo yn y Rhyfel.

1917-28   Athrawes yn Ysgol Sir y Genethod, Aberdâr.

1920   Cyhoeddodd ddramâu ar y cyd gyda Betty Eynon Davies a Margaret Price.
            Ennill ar y Stori Fer yn Eisteddfod Genedlaethol Caerdydd.
            Stori o'i heiddo 'Prentisiad Huw' yn ymddangos yn *Cymru* O M Edwards.

1922   Ei rhieni yn symud o Gae'r Gors i Maesteg, Rhosgadfan.

1925   Ymuno â Phlaid Cymru adeg ei sefydlu ym Mhwllheli.

1925   Cyhoeddi *O Gors y Bryniau*.

1927   Cyhoeddi *Deian a Loli*.

1926   Cyfarfod Morris T Williams yn stesion Groeslon, y ddau ar eu ffordd i Ysgol Haf gyntaf y Blaid ym Machynlleth.

1928   Priodi Morris T Williams o'r Groeslon, symud i Rhiwbeina, Caerdydd.

1929   Cyhoeddi *Rhigolau Bywyd*.

1930   Cyhoeddi *Laura Jones*.

1931   Marw ei thad (1851 – 1931) yn 80 oed. Symud i Donypandy.

1935   Symud i Y Cilgwyn, Dinbych, Morris Williams yn prynu Gwasg Gee a'r *Faner*

1936   Cyhoeddi *Traed Mewn Cyffion*.

1937   Cyhoeddi *Ffair Gaeaf*.

1938   Cynhyrchu Anterliwt 'Tri Chryfion Byd' ar gyfer cyhoeddi

	Eisteddfod Gendlaethol Dinbych.
1944	Marw ei mam, (1854-1944), yn 90 oed.
	Coed Tân a Storiau Eraill – cyfranwyr amrywiol, stori gan KR 'Sbri'r Pregethwr'
1946	Marw ei gŵr, Morris T Williams.
	Cyhoeddi *'A Summer's day and Other Stories'*.
	Cyfarwyddwr Gwasg Gee am ddeng mlynedd.
1947	'Y Llinyn Arian'.
1949	Cyhoeddi *'Stryd y Glep'*.
1950	Derbyn Gradd Anrhydeddus D Lit. Prifysgol Cymru.
1956	Cyhoeddi *'Y Byw sy'n Cysgu'*. Ymddeol o'i gwaith gyda'r *Faner*
1957-58	*'Tegwch y Bore'* yn ymddangos fesul pennod yn *Y Faner*
1959	Cyhoeddi *'Te yn y Grug'*.
1960	Cyhoeddi *'Y Lôn Wen'*.
1961	Derbyn Bathodyn Anrhydeddus Cymdeithas y Cymrodorion
1962	Cyhoeddi *'Tywyll Heno'*.
1963	Cyhoeddi *'Hyn o Fyd'*. KR yn penderfynu prynu Cae'r Gors.
1965	Brian Jones yn gwerthu'r tŷ yn unig i KR. Trosglwyddo Cae'r Gors i ofal Ymddiriedolwyr a'i gadw fel 'Adfail Rheoledig'.
1967	Cyhoeddi *'Tegwch y Bore'*.
	Derbyn prif wobr Cyngor Celfyddydau Cymru.
1968	KR yn agor Ysgol Twm o'r Nant, ysgol gynradd Gymraeg y bu hi'n ysgrifennydd ei phwyllgor
	Cyhoeddi *'Dau lenor o ochr Moeltryfan'*.
1969	Cyhoeddi *'Prynu Dol'* a *'Kate Roberts: Cyfrol Deyrnged'* gol. Bobi Jones.
1971	KR yn cyflwyno Cae'r Gors i'r genedl.
1972	Cyhoeddi *'Gobaith a Storïau eraill'*.
	Cyhoeddi *'Atgofion, cyf 1'*.
1974	Cyhoeddi *'Kate Roberts'* yng nghyfres Writers of Wales, Derec Llwyd Morgan.
1976	Cyhoeddi *'Yr Wylan Deg'* ac *'Enaid Clwyfus: Golwg ar Waith Kate Roberts'*, John Emyr.
1978	Cyhoeddi *'Erthyglau ac Ysgrifau Llenyddol Kate Roberts'* gol. David Jenkins.
1981	Cyhoeddi *'Haul a Drycin'* a *'Bro a Bywyd Kate Roberts'* gol. Derec Llwyd Morgan.
	Cyflwyno Tysteb Genedlaethol i KR.
1985	Marwolaeth KR 14 Ebrill (1891 – 1985) yn Inffyrmari Dinbych, 94 oed.

Llyfryddiaeth

Ei llyfrau

1926 O Gors y Bryniau
1926 Deian a Loli
1929 Rhigolau Bywyd
1930 Laura Jones
1936 Traed Mewn Cyffion
1937 Ffair Gaeaf
1949 Stryd y Glep
1956 Y Byw sy'n Cysgu
1959 Te yn y Grug
1960 Y Lôn Wen
1962 Tywyll Heno
1963 Hyn o Fyd
1967 Tegwch y Bore
1968 Dau Lenor o ochr Moeltryfan
1969 Prynu Dol a storiau eraill
1972 Gobaith a storiau eraill
1972 Atgofion, Cyfrol 1
1976 Yr Wylan Deg
1981 Haul a Drycin
1997 Goreuon Storiau Kate Roberts
2000 Straeon y Lôn Wen, Pigion 2000

Ar gyfer dysgwyr
Y Byw sy'n Cysgu 1995

Addasiad i blant
Te yn y Grug, Stella Gruffydd, Gruff Roberts, Jac Jones 2007

Cryno Ddisg
Te yn y Grug

Storïau mewn llyfrau eraill

Y Mochyn Bach, Yr Oen Llywaeth, Cyfres Chwedl a Chân 1, 1937
Y Golled, Ystorïau Heddiw, gol. TH ParryWilliams 1938
Y Tri, Y Ddolen, Cyfres Cofion 6 1946
Y Ddol, Storïau'r Deffro, gol. Islwyn Ffowc Ellis 1959
Yr Atgyfodiad, Ysgrifau Llenorion, gol. John L Williams 1967
Ymweliad, Storïau Awr Hamdden, gol. Urien William 1974

Am ei bywyd a'i gwaith

Crefft y Stori Fer, gol. Saunders Lewis 1949
Llên Ddoe a Heddiw, Astudiaethau Bangor 1965
Codi'r Faner, D J Williams 1968
Kate Roberts: Cyfrol Deyrnged, gol. Bobi Jones 1969
The Welsh Extremist, Ned Thomas 1971 (The chains around my feet)
Kate Roberts:Writers of Wales, Derec Llwyd Morgan 1974
Enaid Clwyfus, John Emyr 1976
Crefft y Llenor, John Gwilym Jones 1977
Kate Roberts: Bro a Bywyd, gol. Derec Llwyd Morgan 1981
Kate Roberts: Ei Meddwl a'i Gwaith, gol. Rhydwen Williams 1983
Erthyglau ac Ysgrifau Llenyddol Kate Roberts, gol. Dafydd Jenkins
Seiri Cenedl, Gwynfor Evans 1986
The Triple Net, A Portrait of the writer KR 1891-1985 Emyr Humphries 1988
Annwyl Kate, Annwyl Saunders, gol. Dafydd Ifans 1992
Structural Studies in modern Welsh Syntax: Aspects of the grammar of
KR Ariel Shisha-Halevy 1998
Welsh Writing in English, A Yearbook of Critical Essays Vol 6 2000
Annwyl D J, Emyr Hywel 2007

Llyfrau eraill am yr ardal

Chwareli Dyffryn Nantlle a Chymdogaeth Moeltryfan, John Griffith 1889
Storïau Richard Hughes Williams 1932
Cwm Gwyrfai, Gwynfor Pierce Jones & Alun John Richards 2004
Tyddynnod y Chwarelwyr, Dewi Tomos 2004
The Quarrymen's Tyddynnod, Dewi Tomos 2005
Chwareli Dyffryn Nantlle, Dewi Tomos 2007
O Gwmpas y Foel, Dewi Tomos, 2007

Darlithoedd Cae'r Gors

2005   Poen y Ddynoliaeth, Jerry Hunter
2006   Teulu, Dewi Tomos
2007   Annwyl Kate, Dafydd Ifans
2008   Dyna Fy Mywyd, Kate Roberts (1891-1985) Eigra Lewis Roberts

Cyfieithiadau
Saesneg

A Summer's day and other stories, 1946
Welsh Short Stories, (Old Age, Two Storms) 1956
Tea in the Heather, tr. Wyn Griffith 1968
The Living Sleep, 1976
Feet in Chains, tr. John Idris Jones, 1977
Two Old Men and other short stories, KR, EC Stephens& W Griffith, 1981
The World of Kate Roberts, Selected Stories 1926-81, JP Clancy 1991
Sun and Storm and other stories, tr. Carolyn Watkins, 2001
The Awakening, tr. Sian James 2005
One Bright Morning, tr., Gillian Clarke 2008
Y Lôn Wen/The White Lane, Gillian Clarke 2009

Ieithoedd eraill

Almaeneg Katzen auf einer Versteigerung, Cyf Wolfgang Schamoni, 2000
    "   Der Schatz   "   "   2008
Ffrangeg La Mouette et autres nouvelles Galloise Cyf Jean Hamard, 1993
Is-almaeneg Tee drinken op de heide Cyf Vertaald door Dries Janssen, 1969
Japanaeg

Y gair olaf

Y mae fy nghorff i yn Nyffryn Clwyd, a dyffryn hardd iawn ydi o, ond mae fy meddwl yn dal i fynd yn ôl i lethrau Moeltryfan.
Sŵn pryfed, sŵn eithin yn clecian, sŵn gwres, a llais y pregethwr yn sïo ymlaen yn felfedaidd . . .

Daw lleisiau dros farwydos coelcerthi Moel Smatho ac yn donnau ar hyd y Lôn Wen . . .
Gallwn ddal i glywed ei geiriau, mae tân croesawus ar yr aelwyd, mae geiriau'n codi i'r awyr o Gae'r Gors o hyd . . .